문화콘텐츠학 총서 013

문화연구와 문화콘텐츠

: 사례분석을 통한 학문적 실천

문화콘텐츠학 총서 013

문화연구와 문화콘텐츠

:사례분석을 통한 학문적 실천

임대근 외

한국외국어대학교 지식출판원

머리말

한국에서 문화콘텐츠라는 용어가 탄생한지도 벌써 10년이 넘었다. 이 용어의 정확한 기원에 관해서는 논의가 분분하지만, 현재 한국콘텐츠진흥원의 모태가 된 한국문화콘텐츠진흥원 설립(2001년), 인문콘텐츠학회 창립(2002년), 한국외대 대학원 글로벌문화콘텐츠학과 개설(2002년) 등은 그것이 단순히 공동화(空洞化)된 그 무엇이 아님을 분명히 보여주는 역사적 실례들이 됐다.

주지하는 바와 같이 문화콘텐츠는 산업적, 정책적 필요에 의해서 등장한 개념이었다. 그만큼 산업 현장이 요구하는 논리가 담론이 되어 문화콘텐츠를 규정해 온 것도 사실이다. 물론 문화콘텐츠의 특성상 그러한 필요를 전면적으로 부정할 수는 없다. 산업이 없는 문화콘텐츠는 현장의 역동성과 생명력을 쉽게 잃어버리고 말 것이기 때문이다. 그러나 다른 한편으로는 오로지 산업적 필요만이 유일무이한 가치여야 한다고 말하기는 더욱 조심스럽다. 다시 말하면 문화콘텐츠에 대한 학문적 논의와 담론이 성숙되지 못한다면, 그 지속 가능성 자체가 위태로울 수도 있을 것이다. 문화콘텐츠에 대한 학문적 논의와 담론이 중요하다고 주장하는 데에는 어느 한 쪽만이 지나치게 강조되는데 따른 '힘의 불균형'에 대한 우려 때문만은 아니다. 문화콘텐츠가 만일 문화와 인간, 나아가 세계를 설명하고 해석할 수 있는 새로운 가능성을 갖고 있는 무엇이라면, 우리는 그에 걸맞은 학문적 노력을 통해, 그것이 현상이든 혹은 이론이든 창의적인 패러다임을 제시해야 할 필요에 직면해 있다.

물론 문화콘텐츠 자체가 학문으로서 성립 가능한지에 대한 근본적 회의도 가능할 것이다. 만일 가능하다면 그것이 어떤 특정한 이론(discipline)인지, 혹은 그것은 특정한 학과(department)로 존재할 수 있는 것인지 등에 대한 논의도 수행되어야 할 것이다. 그럼에도 불구하고, 이미 대학 내부에서는 관련 학과들이 설립되었고, 또 학자들의 연구 단체인 관련 학회들이 활동하고 있다는 점은 그것이 이미 제도적 학문 체계의 내부로 진입했음을 뜻하는 것이다. 물론 그것이 갖고 있는 학문 본연의 실체가 무엇인지에 대해서는 논의를 지속할 필요가 있겠지만 말이다.

문화콘텐츠 개념의 새로운 등장 이후, 한 동안 그것은 '텅빈 기표'인 것처럼 여겨지기도 했다. 무엇을 일컬어 문화콘텐츠라 하는지에 대한 인식론적 층위의 설명도 적지 않이 수행되면서 학문적 욕구를 충족시키려고 노력해 왔다. 다른 한편, 경험론적 층위에서도 꾸준히 문화콘텐츠에 대한 노력들은 있어 왔다. 그런 과정을 통해서 우리는 '텅빈 기표'를 채워가는 기의들을 발굴하고 창조하는 작업들을 수행해 온 셈이다.

근대적 학문 분과 체계가 수립된 이후 역사적으로 문화에 대한 연구는 문화인류학, 사회학 등의 분과학문으로부터 시작하여 지역연구, 문화연구 등의 다양한 학문적 스펙트럼 속에서 이뤄져 왔다. 그리고 21세기 전환기에 우리는 다시 문화콘텐츠라는 새로운 학문적 대상을 만들어내기에 이르렀다. 예의 문화콘텐츠가 산업에 경도돼 있다는 인식으로 인해, 주로 비판적 작업을 수행해 왔던 인문·사회과학자들에게 그것은 조금은 불편한 대상이었다. 굳이 덧붙이지 않아도 프랑크푸르트학파의 아도르노(Theodor Adorno)와 호르크하이머(Max Horkheimer)에 의해 '대중 기만으로서의 계몽'이라는 부제를 붙이고 서술된 '문화산업'(cultural industry)이라는 용어의 탄생은 언제나 그런 불편함에 대한 기원적 원죄처럼 여겨져 왔다.

학문적 '텅빈 기표'로서 문화콘텐츠에 무언가 기의를 채워야만 한다면, 거기에는 반드시 세계를 보는 관점과 방법이 수반되어야 한다. 문화콘텐츠에 대한 논의와 담론들이 지칠줄 모르는 산업중심주의적, 기술중심주의적 흐름으로만 몰입되어서는 그 지속 가능한 성장을 이끌어낼 수 없을 것이다. 신자유주의적 체제 하에서 문화를 산업이나 기술로만 간주하게 되면 결국 인간 공동체가 함께 누리고 가꾸어야 할 문화를 파괴하는 일에 다름아닐 것이다. 그런 의미에서 우리는 문화콘텐츠 연구가 지금보다 더욱 비판적 시각과 관점을 제시할 필요가 있다고 믿는다.

문화연구(cultural studies)는 이미 수많은 경험과 실천을 통해 우리가 지금은 문화콘텐츠라고 명명하는 대상들에 대한 연구를 수행해 왔다. 그렇게 축적된 연구의 경험을 통해 아직 분명하게 그려지지 못한 문화콘텐츠에 대한 연구에 도움을 받고자 하는 것이 이 책의 기획 의도였다. 다시 말하면, 문화콘텐츠 연구가 일정한 측면에서 문화연구의 경험을 계승할 수 있다는 것이다. 그렇다면, 문화연구와 문화콘텐츠 연구를 어떻게 조우하게 할 것인가?

이 책은 그런 물음에 대한 작은 실천적 고민의 결과다. 여전히 우리는 설명해야 할 많은 문제들에 직면하고 있지만, 또한 그 둘의 만남이 과연 '잘된 만남'인지에 대한 확고불변한 믿음을 갖고 있는 것도 아니지만, 바로 지금 이 시점에서 동시대적 고민을 반영하고 있다는 위안으로 이 책을 세상에 선보일 수 있는 용기를 얻게 되었다.

문화연구와 문화콘텐츠에 대한 '실천적 사례들에 대한 분석'을 다루고 있는 이 책의 집필에는 모두 여섯 명의 필자가 각자의 방식으로 참여하였다. 그 주제는 각각 영상콘텐츠의 대표적 장르로서 영화, 텔레비전 쇼, 출판 장르의 디지털화, 문화원형으로서의 스토리텔링, 문화공동체로서의 마을 만들기 등과 같이 망라되었다. 사실 이러한 주제들은 오늘날 우리가 문화콘텐츠연구에서 다루고 있는 장르들을 거의 포괄하고 있는 것이다. 물론 나는 문화콘텐츠의 장르콘텐츠를 출판콘텐츠, 영상콘텐츠, 공연콘텐츠, 전시콘텐츠, 게임콘텐츠, 축제콘텐츠, 테마파크콘텐츠 등의 7개 콘텐츠로 분류하고 있는데, 그 중 여기에서 다루지 못한 장르콘텐츠도 적지 않다. 그럼에도 이 책에서 다루고 있는 콘텐츠들이 저마다 다소간의 차이는 있지만 문화연구의 비판적 관점을 원용하려고 노력했다는 점에서는 의미가 있다.

전체 책은 문화콘텐츠를 대상으로 하되, 강력한 문화연구적 관점을 제시한 글부터 오늘날 문화콘텐츠 연구 영역의 확대, 주제의 변화, 소재의 확장 등 새로운 흐름을 보여주는 글들에 이르기까지 일정한 스펙트럼을 중심으로 구성되었다.

임대근은 중화권 출신 감독인 리안이 헐리우드에서 만든 영화 <색/계>가 어떻게 다시 중화권 내부로 '귀환'하면서 역사적, 성별적, 영화적 논쟁들을 만들어내는지에 대해 관찰하면서, 그 '귀환'이 결국은 중화권 내부의 '소환'의 욕망과도 긴밀하게 맞닿아 있음을 비판적으로 논증하고 있다. 이를 통해 이 글은 대중문화 콘텐츠가 국경을 넘어서는 일이 무비판적으로 정당화될 수 없으며, 그 내부에서 만들어지는 다양한 무늬들이 어떠한 정치적, 경제적 이익들로 환원되는지를 보여준다.

류지민은 영화 <쇼퍼 홀릭>을 중심으로 사물의 교환가치와 사용가치에 대한 이론과 상징적 이미지를 살펴보고, 현대사회의 소비가 어떻게 상품 물신주의에 종속되는지를 분석한다. 그리고 그것을 인간 심리의 '안정'과 '불안'이라는 틀 속에서 해석하면서 현대인의 혼돈적 정체성을 규정하고 있다고 강조하고, 끊임없이 순환되는 무한 생산과 소비의 매커니즘은 결국 비극적일 것이라 경고한다.

박지훈은 문화연구의 오랜 연구대상이자 동시에 문화콘텐츠의 연구대상으로 수렴되고 있는 텔레비전 쇼에 대한 분석을 시도한다. 몇 해 전 국내 대중에게 큰 반향을 불러일으켰던 가요 경쟁 프로그램 <서바이벌: 나는 가수다>에 대한 실천적 분석을 통해 존 피스크의 수용자의 능동적 의미 구성과 그에 대한 반론을 제시한다. 그러한 반론은 수용자의 능동성을 주장하는 피스크의 논리가 대중의 해석만을 우위에 둠으로써 대중문화를 절대시하고 있다는 점으로 집약되는데, 이 글은 그에 대한 재반론을 펼치면서 대중문화가 대중의 능동적인 재창조와 생산이 협력함으로써 탄생되는 기제라고 주장한다.

구모니카는 디지털 시대의 도래와 더불어 인류의 읽기와 쓰기 문화가 어떻게 새로운 방식으로 서사를 구축하는가를 검토하고 있다. 그는 '디지텔링'이라는 새로운 용어를 제시하면서 하이퍼텍스트가 디지털 시대의 읽기와 쓰기의 관습이 되었으며, 텍스트들 사이의 관계에 대한 경험을 급진적으로 바꾸었다고 주장한다. 그리고 결론적으로 읽기와 쓰기 사이에 위계적 질서가 붕괴되었고 그것이 바로 디지텔링의 혁명적 변화임을 설파하고 있다.

유제상은 문화콘텐츠 연구에서 중요한 핵심 개념 가운데 하나로 자리잡은 '문화원형'을 비판적으로 검토한다. 그는 문화원형에서 나아가 '문화콘텐츠원형'이라는 새로운 개념을 제시하면서 원형, 문화원형, 문화콘텐츠원형으로 이어지는 개념적 층위를 살펴본 뒤, 이를 우리의 전통설화인 '콩쥐팥쥐' 이야기에 적용하여 분석한다. 그는 신데렐라 이야기가 '원형'이라면, 독 채우기나 신발 주인 찾기 등은 '문화콘텐츠원형'이며, 콩쥐팥쥐 이야기는 '문화원형'이라고 주장한다. 이러한 과정을 통해 문화콘텐츠 연구와 제작, 비평 등 일련의 행위 속에서 중요한 '맥락'을 장악할 수 있게 된다고 말한다.

송희영은 '마을 만들기'의 관점에서 연구대상을 문화콘텐츠적으로 확대하고 있다. 그는 구체적인 사례로서 서울의 '서촌' 일대 명칭이 관방이 주도하는 기획에 의해 '세종마을'로 바뀌게 되는 일련의 과정을 비판적으로 살펴본다. 그는 관-민 사이의 갈등이 어떻게 일방향적으로 '해결'되는지를 검토하면서 '서촌'이 역사와 전통을 간직하고 있는 특수한 지역임을 논증한다. 이를 통해 '마을 만들기'가 자본의 논리에 따른 경제적 가치 추구보다 지역의 고유한 가치와 문화자원에 대한 이해, 공동체 구성원 간의 소통을 통해 내부적 삶의 환경을 바꾸는 창의적인 문화 활동이 돼야 한다고 선언한다.

이들의 논의는 우리가 문화 또는 대중문화, 또는 이제는 문화콘텐츠의 영역으로 포괄된 대상들에 주목하고 있다. 나아가 글쓴이들은 공통적으로 기존의 논의와 담론들을 비판적 시각에서 검토하고 있다. 그 점이야말로 문화콘텐츠 연구가 유행만을 뒤쫓는 현상이 아니며, 오히려 우리 앞에 던져진 이 '새로움'을 어떻게 분석하고 해석해야 하는지를 고민하고 있음을 증명한다. 그리고 바로 그 지점에서 문화연구와 문화콘텐츠 연구가 조우하고 있음을 실천적으로 보여주고 있다.

책을 기획한 지 벌써 여러 해가 지났음에도 게으름 탓에 이제야 세상에 내놓게 되었다. 그 동안 출판에 흔쾌히 동의하고도 묵묵히 기다려준 저자들에게 무엇보다 미안하고 감사하다. 난삽한 원고를 잘 다듬어서 아름다운 장정으로 다시 태어나게 해 준 한국외대 지식출판원의 안상덕 부장님과 신선호 과장님께도 깊이 감사드린다. 아무쪼록 이런 작은 노력들을 통해 우리가 사는 세상이 조금이나마 더 아름다워질 수 있기를 바란다. 독자 여러분의 질정을 바란다.

2014년 여름

저자를 대표하여

임대근

문화연구와
문화콘텐츠

차례

1

영화 〈색/계〉의 문화정치학

문화연구와
문화콘텐츠

1

영화 〈색/계〉의 문화정치학

—
임대근

1. 리안의 영화들: 대중과 예술, 전통과 서구의 절합

리안(李安; Ang Lee)의 필모그래피는 이 감독이 어떻게 영화 예술과 영화 산업 사이의 경계를 재편하려고 하는지, 혹은 영화의 작가주의와 상업성이라는 두 가지 테제를 양립 가능한 것으로 절합하려고 하는지를 잘 보여준다. 그러한 절합의 시도는 통합적 서사의 구축이라는 능숙한 전략으로 뒷받침되고 있다. <쿵후 선생>(推手: 1992)이나 <결혼 피로연>(喜宴: 1993), <음식남녀>(飮食男女: 1994) 등 초기작들은 서로 다른 문화적·인종적·성적·세대적 정체성이 뒤얽혀 있는 이들 사이에 빚어지는 갈등이 어떤 방식으로 조화와 화해라는 지향을 향해 통합될 수 있는지를 잘 보여준 텍스트들이었다. 또는 <와호장룡>(臥虎藏龍: 2000)은 할리우드에서 제작했으면서도 중국적 전통을 활용한 영화로서 동양적인 서사와 서구 제작 방식의 절합을 시도한 사례였다. 특히 이 영화는 이후 대륙 중국 영화계에 무협 영화의 부활을 직접적으로 촉발할 만큼 영향력을 발휘했다. 오늘날 대륙 중국에서 제작되는 일련의 무협 영화들은 리안의 시도에서 빚진 바 크다.[1] 지금 우리가 다루려고 하는 영화, <색/계>(色/戒; Lust/Caution, 2007) 또한 중국 영화의 전통 중 일부 사례들과 맞닿아 있다. 이 영화는 여성의 몸(사적 서사)와 국/가(공적 서사)의 뒤얽힘에 관한 이야기로 읽을 수 있는데, 이런 서사 구조는 1934년 상하이에서 선보인 탁월한 영화 <신녀>(神女: 1934)를 떠올리게 한다. 이 영화에는 빈곤한 처지에서 홀몸으로 아들을 키우며 살아가기 위해 몸을 팔아야만 하는 어머니의 서사 속에 기녀로서의 여성과 성녀(聖女)로서의 여성이 공존한다. 여자는 자신을 억압하고 착취하는 건달을 끝내 죽이게 되고 법정에서 죄를 받아 감옥에 갇히게 되지만, 영화의 마지막 장면에서 아들을 그리워하며 미소를 짓는 그녀의 얼굴이 클로즈 업 될 때 관객은 그녀를 '처벌'하지 못한다. 여성의 몸과 국/가라는 사적 서사와 공적 서사의 착종을 통해 텍스트 내부의 갈등 구조는 물론 텍스트 바깥, 즉 관객들 사이의 사회적 '갈등'까지도 유발하며 논쟁화한 사례로서 리안의 영화는 이렇게 <신녀>의 전통을 이어받고 있다고 할 수 있다. 이런 방식들로 리안은 중국 영화의 전통을 적절히 활용한다.

2. 영화 〈색/계〉와 비평(들)

(1) 절찬과 혹평 사이

<색/계>가 개봉되자 여러 논쟁들이 불붙었다. 무엇보다 대중적 호기심을 자극한 것은 과감한 성적 노출과 묘사였다. 1990년대 이후 중국 대중문화의 코드로 재평가되어 온 원작 소설의 작가 장아이링(張愛玲)에 관한 문제도 이목을 끌었다.[2] 노스탤지어로서 1940년대 홍콩과

상하이의 재현과 같은 문제도 논쟁의 한 축을 구성했다. 대중적 관심과 더불어 <색/계>에 대한 학술적 관심 또한 일정하게 이어져 오고 있다.[3] 그 중에서도 '국민국가적 알레고리'(national allegory)라는 개념으로 이 영화를 독해하고자 한 시도가 눈에 뜨인다. 남수영은 이 영화를 장이머우의 <국두>(菊豆: 1989)와 동시에 배치하면서 "이들을 둘러싼 담론 혹은 관점의 변화가 '제삼세계' 영화론에서 '민족'이라는 개념이 수행하고 있는 양가적인 역할을 드러내고 있음을 밝"히고자 한다. 그에 의하면 리안은 "서양 감성에 대한 이해와 그 화법에 능숙함을 충분히 입증하여, 제일세계 영화계에 주류로서 안착"했으며, "바로 이러한 연유로 <색/계>는" 프레드릭 제임슨(Fredric Jameson)이 "모든 제삼세계 텍스트는 '민족적 알레고리'로 해석돼야 한다"고 말한데 대해 "제삼세계 대상의 계급적 혼종성을 무시했다는" 탈식민주의적 반론을 향한 제임슨 자신의 변명으로서, 그 언급이 "제삼세계에 대한 올바른 이해"가 목적이 아니라 "제일세계의 문학적 혹은 이론적 상황에 개입하기 위한 것"이라는 점을 잘 보여준, 제임슨이 개입하고자 하는 '제일세계' 텍스트의 성공적 모델이 되"었다고 결론짓는다. 그는 <국두>와 <색/계>를 대립적으로 배치하고, 이를 통해 프레드릭 제임슨의 '국민국가적 알레고리'론을 되짚어 보면서 <색/계>가 "민족 국가적 대의와 연결되어 해석될 수 있는 부분조차 개인적 관계와 욕망이라는 측면만 강조되어 받아들여진 경향이 있다"[4]고 말한다. 이런 논의는 한 사례로서 리안의 텍스트를 상독(詳讀)하는 과정을 통해 많은 사람들이 지지해 왔던 프레드릭 제임슨의 논리가[5] 자신의 의도와 관계없이 제1세계 내부에서 정치적 맥락을 확보하는 경로를 밝힌다는 점에서 의미가 있지만, 리안의 텍스트가 제3세계적 맥락 속에서 빚어내는 조금은 다른 풍경으로서 탈식민주의적 비판(제임슨에 대한 아자즈 아마드 Aijaz Ahmad의 비판과 같이)의 가능성 또한 여전히 남아 있음에 대해서는 논의가 결여되어 있다.

비평적 논의로서 <색/계>를 보는 한국 내 평론 태도는 대체로 '절찬'과 '혹평'으로 나뉜다. 예컨대 김영진은 "실패작이 없는 감독"으로서 리안의 위상을 규정한 뒤, <색/계>가 장아이링 원작을 새롭게 해석하면서 "소설의 텍스트를 시각적 문체로 대치하는 최상의 단계를 보여줬"다고 말한다. 그는 <색/계>는 "우리들 각자가 갖고 있는 인간성의 가면이 욕망의 발산을 통해 어떻게 더 공고해지며, 동시에 무너져갈 수 있는가를 탐구한 보편적 우화로 남을 수 있는 영화"이자 "다른 영화들에서는 결코 넘볼 수 없는 어떤 진실의 광휘를 갖고 있어서 일부 장면에서는 기적이라고 밖에는 표현할 수 없는 단계에까지 이른 영화"[6]라고 평가한다. 그러나 김소영은 이 영화가 묘사하고 있는 1940년대 홍콩과 상하이라는 공간은 유사한 전작들보다도 열등하다고 말하면서,[7] 영화가 보여주려고 하는 '색'과 '계'의 세계가 풍부하게 그려지지 못했다고 비판한다. "색은 쾌와 불쾌, 혹은 성적 사디즘의 영토이기도 하지만, '형', 즉 계를 어겼을 때의 처형 상태에 가깝다. 문제는 이러한 색, 계, 불쾌, 계, 형의 매우 복잡한 '계'를 이루고 있는 이장관에 반해 막부인이 처한 '계'에 대한 영화적 재현의 빈곤함이다. 이 불균형이 색과 계의 강도 높은 긴장이 구현되는 섹스신의 심리적, 그래서 육체적 농밀도를 낮춘다. 말하자면 체위 안무는 노골적이면서도 기교가 있으나 기계에 가깝게 느껴지는 것이다." 또한 그는 다이아몬드 반지 시퀀스가 영화를 "거의 코미디 수준으로 떨어"뜨린다며 비판한다. 요컨대 김영진이 이 영화가 각인하는 인간 보편성을 통해 절찬의 입장으로 나아간다면, 김소영은 역사적·문화적 맥락의 특수성이 결여되어 있음을 통해 혹평의 비평을 구축한다. 이 글은 이 논의들을 존중하면서도 이들이 놓치고 있는 몇 가지 지점들을 함께 살펴보고자 한다. 그것은 <색/계>의 텍스트 내부에 대한 독해 뿐 아니라, 텍스트가 유통되는 방식을 함께 살펴보면서 진행될 것이다.

(2) '간자(間者)' 영화, 〈색/계〉의 핵심어들

나는 이 영화를 중의적 의미에서 '간자' 영화라 부르고 싶다. '간자'란 때로 '첩자'를 일컫기도 하지만, 말 그대로 '사이'를 뜻하기도 한다. 주지하다시피, 이 영화는 대만 출신의 할리우드 감독으로서 리안이 미국 자본을 중심으로 제작한 '중국어영화'(華語電影), 즉 몇 가지 층위와 경계들 사이에 서 있는 '사이' 영화로서 '첩자'의 서사를 다룬다. 동시에 잠재 관객으로서 대륙 중국의 관객들을 설정하고, 이들을 문제적으로 구성하는 과정 속에서 이 영화가 유통되는 방식은 '첩자'와도 같은 전략을 은폐하고 있다.

이에 관한 본격적 논의에 앞서 우선 앞에 소개한 비평들에 대한 '보론'으로서 <색/계>의 텍스트를 설명할 수 있는 몇 가지 층위들을 통해 살펴보자.[8] 이 영화는 공적 서사와 사적 서사의 갈등과 통합을 다룬다. (그것은 마치 프레드릭 제임슨과 같은 이론가가 다다르고자 했던 마르크스주의와 프로이트주의를 절합하려는 데 대한 영화적 재현의 문제인 듯 보이기까지 한다.) 영화는 민족의 미래에 대한 청년 학생들의 투쟁 사이에서 자라나는 사적인 사랑 이야기를 통해 이율배반적인 중국의 역사적 현실을 그린다. 텍스트 내부에서 '색'은 빛(깔)이고 '밝힘'이다. 공적 서사로서 '색'은 세상을 밝히지만, 사적 서사로서 '색'은 자신의 욕망을 밝힌다. '계'는 '지킴'이다. 공적 서사로서 '계'는 국가와 민족을 지키지만, 사적 서사로서 '계'는 자신의 안위를 지킨다. 이 네 층위의 '색'과 '계'가 기묘하게 얽히면서 적절한 변증법을 형성할 때, 다시 말하면 아주 불안한 균형을 이루고 있을 때가, 오히려 역설적으로 가장 안정적인 상황이 된다.

영화 전반에 걸쳐 마작 장면이 자주 등장하는 까닭도 바로 그 때문이다. 장이머우 감독이 그랬던 것처럼, 리안 역시 중국의 민속을 과대 선전하려는 얄팍한 의도에서 마작 장면을 등장시킨 게 아니다. 그 보다는 에드워드 양(Edward Yang)의 <마작>(麻將: 1996)이 보여주듯이 '색'과 '계', 공과 사로 뒤얽힌 마작 판과도 같은 특유의 세계를 전시한다.[9] 이 마작 판은 그런 세상을 보여주는, 어떤 신뢰할 수 없는 원리의 상징이다. 앳된 마이(麥) 부인(탕웨이 湯唯 분)의 표정을 훔치듯 바라보는 마작 판의 다른 부인들의 눈빛이 언뜻 스쳐 지나가는 장면들이 여러 번 삽입된 이유도 바로 여기에 있다. 그러나 마작 패처럼 너무 쉽게 홍분하거나 오르가즘에 이르러서는 안 된다. 이(易) 대장(량차오웨이 梁朝偉 분)은 그걸 방지하기 위해 사디스트가 된다. 상대의 몸에 "뱀처럼 스며들어가고", "피가 흐르고 고통스러워해야만" 겨우 도착하게 되는 그의 절정은 '색'과 '계'의 불안한 균형의 끈을 놓치지 않으려는 전략이다. 영화의 첫 장면은 이 대장의 관저를 지키는 경비견의 클로즈업 숏으로 시작한다. 그리고 아무도 뚫고 들어갈 수 없을 것만 같은 '지킴'의 세계가 등장한다. 하지만 냉혈한과 같은 이 대장은 자신의 손으로 마이 부인, 아니 왕지아즈(王佳芝)의 사형 집행을 서명한 뒤, 불도 들어오지 않은 마이 부인의 침대 위에 앉아 까닭을 묻는 자신의 부인에게 눈물을 글썽이며 말한다. "누가 마이 부인을 찾거든 잠시 홍콩에 갔다고 말해 둬." 사적 지킴의 세계는 그렇게 무너진다. 물론 영화는 도대체 공적 지킴의 세계가 어떻게 전개되는 것인지 친절하게 설명하지 않는다. 중국 관객을 염두에 둘 경우 그런 이야기는 군더더기에 불과할 것이기 때문이다. 하지만 중국 바깥의 관객들은 영화의 전체 비중이 지나치게 사적인 통로로 흘러가는 게 아니냐는 생각을 할 수도 있다. 물론 그런 전략은 오히려 이야기의 보편성을 강화하는데 도움이 된다. 왕지아즈는 공적으로 세상을 밝히기 위해, 즉 세상을 구하기 위해 자신의 처녀성까지도 버리는 선택을 한다. 하지만 그녀는 그 '밝힘'에는 공적인 영역만이 아닌 사적인 영역도 있다는 사실을 깨닫는다. 공적 밝힘을 위한 결단 이후, 두 번째 섹스 학습에서 여성 상위를 선보인 그녀는 "오늘은 좀 뭔가 느끼는 것 같은데"라는 평가를 듣는다. 물론 그녀도 처음부터 그렇게 '공적 밝힘'과 '사적 밝힘'이 혼란스러워질 것으론 생각하지 않았을 것이다. 하지만 노련하게 스며드는 이 대장의 몸은 그녀의 지킴을 해체해 버린다. 그리곤 결국 사적 밝힘의 세계로 인도한다. 결국 여자는 공적 밝힘과 사적 밝힘, 그리고 사적 지킴 모두를 잃었다. 남자는 사적 밝힘과 사적 지킴을 잃었으나 공적 지킴만은 지켰다.

여자와 남자가 무너지는 과정에서 중요한 것은 반지였다. 반지라는 말은 중국어로 "손가락을 지킨다"는 뜻의 '계지'(戒指)다. 그러므로 반지를 맞추러 가는 시퀀스는 다만 허무맹랑한 신파가 아니다. 마작 판에서부터 계속 이어지는 반지에 관한 담론은 결국 이 영화의 끝을 장식한다. '계지'를 선물하는 이 대장과 직접 자신의 손에 이를 끼우는 마이 부인 사이에 아름다운 사적 사랑의 완성이 스치듯 지나간다. 어떤 징조를 보여주듯이 이 대장은 마이 부인에게 반지를 직접 끼워주지는 않는다. 그 순간 마이 부인은 모든 걸 다 버리기로 작심한다. 자신이 사랑한 남자의 생명을 지키기 위하여. 반지는 그렇게 그들 사랑의 순간적 완성을 뜻한다. 굳이 '색/계'라는 식으로 갈라놓지 않으면 '색계'라는 말은 '화려한 반지'라고 해석될 수도 있다. 그리고 중국어로 읽는 '색계', 즉 '써지에'는 그들이 구성하는 마작 판과도 같은 '세계'(스지에)와도 일종의 해운(諧韻)을 이룬다.

<색/계>는 이와 같이 오늘과 다른 과거를 현시하는 향수의 정치학으로서 시대와 노스탤지어를 다루고, 성에 관한 화두를 던짐으로써 멜로와 섹슈얼리티라는 둘레 속에서 중국 영화를 문제화하고, 보편적 인성으로서 모방과 은폐의 전략으로서 연극(예술: 연극은 이 영화에서 중요한 모티브로 작동한다)과 리얼리티(휴머니티)를 상정한다.

3. 리안의 도착과 〈색/계〉의 정치·경제학

대만 출신의 디아스포릭 감독으로서 리안의 중국 '도착'은 '귀환'과 '소환'의 이중 구조를 가지고 있다. 앞서 말한대로, 1992년 <쿵후 선생>이후 대만 중산층의 삶을 주로 다뤄온(<결혼피로연>, <음식남녀>) 그가 할리우드로 진출해 <센스 앤 센서빌리티>(Sense and Sensibility: 1995), <아이스 스톰>(Ice Storm: 1997), <라이드 위드 데블>(Ride with Devil: 1999) 등의 필모그래피를 완성할 때만 해도 그의 '중국성'을 염두에 두는 이들은 없어 보였다. 그러나 <와호장룡>이 선보이고, 아카데미 외국어영화상을 수상하면서 분위기는 급반전됐다. 중국적 배경에서 중국인 배우들과 중국어로 찍은 <와호장룡>은 국적영화(national cinema)의 기준을 갖추지 못했으면서도 '중국어 영화'라는 개념을 널리 유통시키는데 지대한 공헌을 했고 이를 바탕으로 그의 '중국성'은 새롭게 인식되기 시작했다. 이후 그는 <헐크>(Hulk: 2003), <브로크 백 마운틴>(Broke Back Mountain: 2005) 등으로 할리우드화 하는 듯하더니, 다시 <색/계>를 들고 중국으로 '귀환'했다.

(1) '귀환'의 경제학

<색/계>는 미국 엔비씨 유니버셜(NBC Universal) 계열의 영화사인 포커스 피쳐스(Focus Features)가 주제작사로 참여했다.[10] 포커스 피쳐스는 "영상 제작과 투자와 전지구적 배급"을 목적으로 설립된 회사다. 회사를 소개하고 있는 웹사이트에 따르면 "전 세계의 가장 창조적 영화 제작자들의 신작들을 선보여 왔으며", "세계적으로 미디어와 엔터테인먼트 분야를 선도"해 왔다는 것이다.[11] 앞으로 살펴볼 우리의 논의와 관련하여 유독 눈에 뜨이는 대목은 스스로 '전지구적 배급', '전 세계', '세계적' 등과 같이 특정 국적의 경계를 초월하면서 '전지구화'에 대한 의지를 강조하고 있다는 것이다. 이런 '전지구화'의 과정 속에서 가장 큰 잠재적 소비의 가능성을 보유하고 있는 중국은 매혹적인 시장일 것이다.

중국 영화 시장의 개방(정책)을 적극적으로 유도하면서 시장을 장악하려는 할리우드 영화의 기획들은 자주 있어 왔다. 그 대표적인 사례가 앞서 말한 바 있는 리안의 <와호장룡>의 '귀환'일 것이다. 이 영화는 무협의 외피라는 중국적이면서 장르적 장치와 아카데미 외국어상이라는 미국적이면서 제도적 장치를 십분 활용하여 대중적 환기를 이끌어내는데 성공한다. <영웅>의 미국 상영(2004) 또한 한 사례로 지적될 수 있다. <영웅>은 역사상 세 번째로 할리우드에서 박스오피스 1위를 차지한 아시아 영화로 기록되는데,[12] 제작 이후 무려 2년이나 지난 뒤 미국 시장에서 이런 결과를 가져온데 대해 할리우드의 중국 진출을 위한 적극적 배려였다는 보고가 있다.[13]

이런 상황에서 1천 5백만 달러(USD)의 제작비를 쓴 <색/계>는 전세계적으로 6천만 달러(USD) 이상을 벌어들인 것으로 나타났으나,

그 중 미국에서의 수입이 460만 달러인데 비해 중국에서의 수입은 1천 7백만 달러에 이르는 것으로 집계됐다. 홍콩(6백만 달러)과 타이완(790만 달러) 등 중화권으로 확대할 경우 수치는 더욱 늘어난다.[14] 이는 이 영화가 중국(중화권)의 관객들을 잠재 관객으로 설정하고 있었음을 분명히 보여주는 결과론적 증빙이 될 것이다. 거기에 바로 영화 <색/계>의 비윤리성이 내재하는 기초가 설정돼 있다. 즉 할리우드 자본이 무차별적으로 전세계적 투자를 통해 잉여 자본을 창출하는 방식을 보여주는 것이다. 상하이와 홍콩의 노스탤지어, 섹슈얼리티, 리얼리티, 휴머니티 등 텍스트를 이해하기 위한 핵심어들이 무색하게 다가오는 지점으로서, 할리우드 자본은 그것이 어떤 대상과 영역, 혹은 범주이든 이를 활용하여 자본을 회수할 수 있는 길을 닦고 있는 것이다.

탈식민주의 연구자 아르준 아파두라이는 "전지구적 에스노스케이프로서 탈영토화"라는 문제를 제기하면서 오늘날 "돈의 관리자들은 국가적인 경계와는 상관없이 투자를 위한 가장 좋은 시장을 찾"고 있다고 예리하게 비판한 바 있다.[15] 그런 측면에서 <색/계>는 다국적 자본이 탈영토적 상상력을 이용하는 매우 확실한 사례 중 하나라 할 것이다. 그러나 이와 같은 자본의 운용을 노스탤지어와 국적성(nationality) 등으로 위장함으로써, 그것이 불러일으킬 수도 있는 국가적 경계 내/외부의 새로운 갈등, 즉 예컨대 중국의 노스탤지어를 미국의 자본이 상품화하고 결과적으로 중국인들의 주머니를 '털어'가는 일에 대한 중국인들의 염려를 미연에 방지하면서 관련 논의를 특정한 구조로 속박(혹은 우회)케 하는 것이다. 이것이 바로 리안의 '귀환'의 경제학이 은폐하고 있는 지점들이다.

(2) '귀환'의 정치학

중국적 맥락에서 <색/계>를 말할 때 놓칠 수 없는 문제는 역시 섹슈얼리티에 관한 것이다. 섹슈얼리티는 단지 '노출 수위'나 '체위 창조' 등 호기적 문제만이 아닌, 중국 영화가 갖고 있는 고질화 된 폐단에 관한 문제 제기로 받아들여져야 한다. 최근 중국 영화들에서 섹슈얼리티와 관련해 처벌을 받은 사례만 보더라도 문제는 표면 위로 부상한다. 예를 들면 <여름궁전>(頤和園: 2007)을 만들어 당국의 허가 없이 칸 영화제에 출품한 감독 러우예(婁燁)는 향후 5년간 영화 활동 금지 처분을 받았고, 베이징 마사지 업소를 배경으로 한 <사과>(苹果: 2007)는 노출 수위로 인해 상영 금지 처분을 받았다. 이런 사례들은 결국 중국 영화의 제작과 유통의 환경 속에서 여전히 고질적인 문제로 지적되고 있는 사안, 즉 예술 창작의 자유와 관련된 정치적 문제를 제기한다. 중국 영화는 검열제도의 철폐와 등급제도의 신설이라는 두 가지 구체적 문제가 공론화되길 기다리고 있다. 그 과정에서 리안은 이 두 가지 모두를 문제화(problematize)하고 있는 것이다.

중국 '국가라디오텔레비전영화총국'(國家廣播電影電視總局: SARFT)이 지난 2008년 3월 7일 홈페이지를 통해 「영화심사 기준에 관한 재 통지」(關於重申電影審査標準的通知)[16]를 공지하면서 자국 영화에 대한 심사를 더욱 엄격히 하겠다는 의지를 천명한 것은 <색/계> 논란과도 무관치 않아 보인다. 그러나 <색/계>는 이미 중국 '전역'에서 '상영'된 뒤였으며, 리안과 같은 거물 영화인은 손도 못 대고 애꿎은 탕웨이 같은 애송이만 처벌을 면치 못했다.[17] 중국 영화에서 과감한 노출이나 섹스 신은 금기 대상 중 하나다. 영화에 대해 여전히 사전 심사제를 고수하고 있는 중국의 '영화관리조례'는 "음란을 조장하는"내용을 담아서는 안 된다고 분명히 밝혀놓고 있다. 실제로 그런 기준 때문에 상영허가가 나지 않는 영화들도 심심찮게 눈에 띈다.[18] 리안의 이 영화도 중국에선 13분 가량이 삭제된 뒤 개봉될 수 있었다. 13분 정도면 논란이 되는 섹스 신 중 여전히 많은 부분이 남아 있는 것으로 보인다. 자국 내 감독들에게처럼 매우 엄격한 잣대를 해외파 '화인' 감독에게는 적용하지 못했던 까닭은 무엇인가. (그렇다고 무삭제를 보지 못할 중국 사람들이 아니다. 인터넷으로는 이 영화를 본 이후 모방 행위로 인해 '부상자'가 속출했다는 루머가 급속히 퍼졌는데, 이는 이미 '어둠의 경로'를 통해 유통되는 DVD가 제 역할을 다 했다는 뜻이다.)

(3) '소환'의 정치학

국적 간 경계에 서 있는 '간자영화'임과 동시에 '트랜스 내셔널'한 면모를 보여주며, 또한 중국 내부와 외부를 통합하려는 일련의 움직임에도 힘을 실어주고 있는 중이다. 중국에서 그나마 이 영화의 삭제판이 내걸릴 수 있었던 데는 어떻게든 안팎으로 중국 영화를 키워보고 싶은 당국의 노력이 작용했을 것이다. 할리우드에 맞설 기량이 아쉬운 상황에서 일부를 제외하고 국내 감독들은 그다지 신통한 영화를 만들어내지 못하고 있다. 그래서 베니스에서 황금사자상까지 거머쥔 '동포' 감독의 영화를 못 본 척 무시하기는 어려웠을 것이다. 내부의 성과가 미미하면 유사한 외부를 끌어들여 자기 것으로 만드는 중국의 특성을 보여준다.

중국 영화 내부의 상황 변화와 더불어, 외부와의 관계 설정 또한 주목할 필요가 있다. 산업의 측면에서만 보면 내수 시장과 더불어 해외 영화의 수입 문제는 중요한 측면이다. 그러나 여전히 중국 당국은 해외 영화 시장 개방을 신중하게 진행하고 있다. 개방의 최대 수혜자는 할리우드가 될 것은 자명한 가운데 중국 영화는 현재 내부에서의 몸집을 키워 여기에 맞서겠다는 전략을 갖고 있다. 그러므로 앞서 말한, 중국 내부의 사정이 저러한 점 또한 대외적 문제를 염두에 두었을 때 할리우드에 대한 대립적 구조로 파악할 수 있다. 요컨대 중국 영화는 내/외부를 막론하고 할리우드에 맞선 구조화를 진행하고 있는 중이다.

이런 상황에서 중국의 내/외부를 통합적으로 인식하려는 경향도 등장하고 있다. 대표적인 사례가 '화인영화'(華人電影)라는 개념의 광범위한 사용이다.[19] 이것은 일종의 "하나의 중국" 정책을 문화예술계로까지 확대시킴과 동시에 할리우드에서 활동하고 있는 중화권 감독들을 일종의 '간자화'(間者化)하는 시도라고 볼 수 있다. '화인영화'의 논리에 따르면 일찍부터 할리우드에 진출한 청룽을 비롯, 쉬커, 우위썬, 리안, 웨인 왕 등이 모두 '화인영화인'이 되는 것이고 이들 영화 모두 중화권 영화에 속하는 결과를 낳게 된다. 이것은 전통적으로 영화에 국적을 부여하는 행위, 즉 '국적영화'(national cinema)의 개념이 점차로 혼돈스러워지고 있는 상황에서 '중국영화'를 규정하는 명확한 개념적 둘레를 확보할 수 없다는 특성으로 인해 '삼중국영화', '중국어영화'(華語電影), '중화권 영화' 등과 같은 개념들이 활용되어 왔던 점에 대한 일종의 전복적 통합을 위한 시도라고 할 수 있다. 최근 그 중심에 리안이 있다.

중국 영화의 성장을 위한 대립 구도로서 중국 영화 대 미국 영화라는 구조와 '국적영화'(national cinema)를 재구성하기 위한 시도로서의 '화인영화' 기획은 양립적 특성을 보이고 있다. 특히 '화인영화'

기획은 정치적으로는 '하나의 중국' 정책과 같은 맥락이자, 대륙 영화가 '대륙-홍콩 간 긴밀한 경제 협력'(CEPA)을 체결한 뒤 '홍콩 영화'를 포섭한 이후 단계적으로 대만 영화 및 할리우드에서 활동하는 디아스포릭 감독들을 포괄하려고 하는 시도이다. 이는 '국적영화' 규정의 난점을 증빙하는 실례로서 중국영화 현상을 설명함과 동시에 중국영화를 '작가'영화로 환원하려는 시도이기도 하다. '혈통'으로 국적 영화를 규정하려는 시도 속에서, 특히 <와호장룡> 이후 리안은 '화인영화' 기획에 적극 활용될 수 있는 좋은 사례로 지목되고 있다.

이런 상황에서 '귀환'과 '소환'의 전략적 이해가 절합되는 지점이 바로 대륙 중국에서 상영된 <색/계>라 할 것이다. 더욱이 2007년 베니스영화제에서 황금사자상의 수상은 많은 중국인들에게 '중국 영화'로서 이 영화를 '소환'케 하는 정서적 자부심을 제공했다. 그 과정 속에서 장아이링의 원작 소설 및 각색에 관한 논의가 유발되고 뒤이어 민족주의-애국주의 논의가 유발되면서 중국의 대중에게 "동일한 정체성"을 불러일으키는 중요한 기능을 하리라고 예견됐으나(베네딕트 앤더슨) 오히려 그런 예견에 균열이 발생함으로써 문제화될 수밖에 없었던 것이다. 요컨대, <색/계>는 할리우드 자본의 탈영토화 전략에 중국이 '국가적' 방식으로 응전한 풍경이라 할 것이다.

4. 맺음말

텍스트는 단순하지 않다. 명쾌한 설명은 끝내 진리가 되지 못할 수도 있다. <색/계>를 둘러싸고 이렇게 좌우를 넘나들면서 '귀환'과 '소환'의 정치·경제학을 설명하려고 시도한 까닭이다. 전지구적으로 유통되는 텍스트가 빚어내는 현상 자체의 중층성을 읽어낼 수 있다면, 텍스트를 통해 세계를 보고 텍스트 안에 들어앉은 세계를 설명함에 있어 더욱 복잡다기한 논의들을 도출하고 직조할 수 있을 것이다. 영화의 몇 축선들을 절합하려고 시도한 리안의 영화들과, 그의 근작 <색/계>를 통해 그런 논의를 시도해 보고자 했다. '간자영화'로서 리안의 영화는 텍스트로서 <색/계>의 제재 뿐 아니라, 리안이라는 감독의 위치, 더불어 텍스트가 유통되는 방식 등을 모두 아우르고자 한다. 대만 출신의 디아스포릭 감독이 1930~40년대 홍콩과 상하이를 배경으로 하는 영화를 통해 구축하고자 하는 서사는 노스탤지어, 섹슈얼리티, 리얼리티(휴머니티) 등에 관한 것이다. 이들의 조화로운 배치는 특수한 입장의 중국 관객들은 물론 보편적인 관객들까지도 아우를 수 있는 모종의 흡인력을 지닌다. 리안이 중국으로 '돌아온(간)' 현상은 몇 가지 측면에서 논의될 수 있다. 리안의 도착은 '귀환'과 '소환'의 이중적 측면을 보여준다. 그리고 그 이중성이 빚어내는 정치·경제학이 배후에서 작동한다. <색/계>는 전지구적 자본의 투자와 회수의 한 사례다. 자본의 회수가 예의 노스탤지어나 섹슈얼리티, 민족주의 등 모호한 주제들로 장식되고 이로 인해 하부 논의들을 촉발했다. 그러나 문제는 단순하지 않다. <색/계>의 귀환은 중국 영화계 내부에 온존하는 억압적 영화 제작에 관한 문제를 사회적으로 이슈화하고자 한다. 이것은 중화권 감독으로서 대륙 영화 정책에 대한 도전이다. 그런 면에서 리안은 '귀환'의 정치학을 구축한다. <색/계>는 화인영화론을 통해 중국 영화의 외연을 확장하고 통일적 '중화' 영화를 구성하고자 하는 시도 속에서 베니스에서의 수상과 더불어 이를 실천할 수 있는 ('중화' 영화를 단일한 방식으로 구성할 수 있는) 사례로 받아들여질 수 있었다. 그러나 민족주의적 입장에서 단일한 상상의 공동체를 구축하리라고 예견됐던 대륙 중국의 <색/계> 소환 기획은 예기치 못했던 암초들을 만나고 말았다.

주석

1 리안의 <와호장룡>이 아카데미 외국어 영화상을 받은 이후 제작된, 예컨대 2002년 대륙 중국에서 만들어진 무협영화들의 선두에는 장이머우(張藝謀)의 <영웅>(英雄)이 있다. 이 영화는 이데올로기적으로 '대일통 사상'을 주장하는 등 지나친 중화주의적 관점을 내세움으로써 대내외적으로 강력한 비판에 직면했지만, 중국 영화사적으로 전혀 의미 없는 영화라 할 수는 없다. 중국에서 영화로서의 무협, 즉 무협영화는 1928년 상하이에서 당시 대중적 인기를 얻고 있던 평강불초생(平江不肖生)의 무협소설을 영화화 한 <불타는 홍련사>(火燒紅蓮寺)가 최초였다. 이 영화는 개봉 이후 폭발적인 대중적 인기를 얻었다. 1931년까지 같은 제목의 후속 영화가 18편이나 제작될 정도였다. 그러나 지나친 대중의 관심을 우려한 국민당 교육부는 1931년 무협영화 제작 및 상영 금지 조치를 취한다. (표면적인 이유는 청소년에게 악영향을 우려한다는 것이었다.) 이후 이런 조치는 해제되지만, 당시 상하이를 중심으로 한 중국 영화계는 일본의 침략 및 전면적 중일전쟁의 발발(1937) 등으로 침체 국면을 맞이하면서 많은 영화인들이 홍콩으로 이주하여 영화 활동을 시작하게 된다. 사회주의 중국 수립(1949) 이후, 대륙 중국에서 무협은 비현실적인 판타지로서 '금기'였고, 비정치성과 오락성에 주목할 수밖에 없었던 홍콩 영화가 무협의 전통을 이어갔다. 최근 대륙 중국과 홍콩 등 중화권 영화계의 계속되는 침체 속에서 출구를 모색하는 다양한 노력들이 있지만, 그 가운데 하나는 중화권을 대표하는 대륙 중국의 영화와 홍콩 영화, 대만 영화가 각각 축적해 온 영화 전통을 통해 대화하는 방식으로 여겨져 왔다. <와호장룡>은 이런 시점

에 대만 출신의 리안 감독이 할리우드에서 제작하여, 외부에서 대륙 영화에 일정한 충격을 던져준 결과를 낳았고, 더불어 장이머우의 <영웅>의 시작은 그 동안 금기시되던 대륙 중국 영화 내부에서 무협이라는 전통적 장르를 다시 회복했다는 영화사적 의미를 갖는다고 할 수 있다.

2 영화 <색/계>는 장아이링의 원작 소설을 바탕으로 했다. 원작은 1950년에 처음 쓰였으나 1978년에 대만에서 처음 발표됐다. 영화가 공개되자 당시 14살의 나이 차이를 극복하고 왕징웨이(汪精衛) 정권의 간부였던 후란청(胡蘭成)과 결혼했던 그녀의 자전적 이야기라는 평가가 다시 퍼져나갔다. 실제로 자신의 남편에게서 들은 당시 23살의 정핀루(鄭蘋如)가 왕징웨이 정권의 간부였던 딩모춘(丁默邨)을 미인계로 유혹하여 암살하려다 실패한 사건에 바탕을 두고 있다고 전한다. 이 때문에 극 중 이 대장의 이름이 이모청(易默成)으로 딩모춘과 후란청의 이름에서 한 글자씩 따왔다는 해석이 있다. 중국의 마지막 황제 푸이를 암살하려다 실패한 뒤 신해혁명 이후 영웅으로 부상한 왕징웨이(1883~1944)는 줄곧 국민당 정부의 장제스(蔣介石)와 대립각을 세우다 1940년 난징(南京)에 독자적으로 친일 정부를 세운다. 1937년 중일전쟁 이후 장제스는 충칭(重慶)에 정부를 두고 있었다. 이를 각각 난징 정부와 충칭 정부라 부른다. 왕징웨이는 일본의 영향력 아래 결국 자신의 독자적인 생존을 모색하지 못하고 중일전쟁이 끝나기 한 해전에 일본에서 숨을 거둔다.

3 중국 학계에서 <색/계>를 다루는 방식 중 다수는 장아이링의 원작 소설과 영화를 비교 분석하는 입장을 취하고 있다. 이와 같은 대표적인 연구 사례들을 소개하면 다음과 같다. 陳戎女, 「戲夢人生——論張愛玲《色·戒》與李安《色·戒》」, 『中國文化研究』 2008.2; 陳遼, 「從"張愛玲熱"到《色,戒》狂」, 『華文文學』 2007.12; 劉廣濤, 「複雜的人物, 豐富的內涵——張愛玲小說《色·戒》解讀」, 『名作欣賞』 2008.7; 王澤龍, 「《色·戒》: 從張愛玲到李安」, 『信陽師範學院學報』 2008.6; 謝曉踐·李平, 「《色·戒》: 設謎與解謎——從張愛玲小說《色·戒》到李安電影《色·戒》」, 『廣播電視大學學報』 2008.5; 朱晶·石瀟純, 「《色·戒》小說和電影文本中女性意識的堅守與突破」, 『貴州大學學報』 2008.7. 한편, 대만에서는 2008년 '색계' 전문 학술대회가 개최되기도 했다. 8월12~13일 중앙연구원(中央研究院) 중국

문철연구소(中國文哲研究所) 주최로 열린 학술대회에는 모두 10인이 발표자로 나섰다. 이들은 주로 <색/계>의 텍스트를 중심으로 역사성, 섹슈얼리티, 트랜스내셔널리티, 원작과의 관계 등을 주로 다루고 있다. 『<色/戒>歷史、敍事與電影語言國際研討會資料集』, 中央研究院文哲研究所, 2008.

4 남수영, 「제삼세계 영화의 정체성과 가능성: 프레드릭 제임슨의 '민족적 알레고리' 개념의 재고」, 『문학과영상』 제9권 2호, 2008, 307~333쪽.

5 프레드릭 제임슨의 논리에 관한 비판과 지지에 대해서는 Adam Roberts, 곽상순 옮김, 『트랜스 비평가: 프레드릭 제임슨』, 앨피, 2007 중 특히 '제임슨 이후'를 참조.

6 김영진, 「<색/계>의 성애 묘사에 관하여」, 『필름2.0』 2007.11.22.

7 "이 영화를 보면서 내게 다가온 가장 큰 문제점은 리안이 홍콩에서 찍을 때는 허우샤오시엔의 <상하이의 꽃>이나 관금붕의 <장한가>가 그립다는 점이다. 특히 양조위와 왕가위가 함께 만들어내는 멜랑콜리한 도회적 어둠은, 양조위와 리안의 결합에 와서는 연민을 느끼기 어려운 어두운 성격으로만 변해 강도와 복합성이나 단일 특성이 떨어진다. 그래서 가끔 양조위가 여전히 <2046> 안에서 연기하는 것 같기도 하다. 상하이에서의 세트 구성과 촬영 등은 <상하이의 꽃>이나 관금붕의 <완령옥>에 떨어지고, 역시 관금붕의 <장한가>가 포착하는 당대 상하이의 정조에 못 미치며 장아이링의 작품 해석에서도 <붉은 장미, 하얀 장미>가 낫다." 김소영, 「'색'은 '계'를 넘어서지 못했다」, 『씨네21』 2007.11.15.

8 이하 텍스트 분석에 대한 내용은 『이코노미스트』 제926호(2007.3.4)에 실린 글을 고치고 다듬었다.

9 에드워드 양의 <마작>을 '인생게임'이라는 키워드로 읽어내는 탁월한 고찰에 대해서는 김영미, 「인생게임, 마작(麻雀)」, 『중국현대문학』 제43호, 2007, 465~489쪽을 참조.

10 <색/계>는 미국의 포커스 피쳐스와 리버로드 엔터테인먼트(River Road Entertainment)가 공동 제작하고 중국의 하이상영화주식회사(海上影業

公司)가 제공·출품하고 실메트로폴주식회사(Sil-Metropole Organisation LTD.; 銀都機構有限公司), 상하이영화그룹(上海電影集團公司)가 공동 출품했다.

11 Focus Features(http://www.filminfocus.com/about). 검색일: 2008년 10월 20일. 이해를 돕기 위해 회사 소개 중 인용 부분을 중심으로 전재하면 다음과 같다. "Focus Features is a motion picture production, financing, and worldwide distribution company committed to bringing moviegoers the most original stories from the world's most innovative filmmakers. (…) Focus Features is part of NBC Universal, one of the world's leading media and entertainment companies in the development, production, and marketing of entertainment, news, and information to a global audience." (강조는 인용자)

12 그 첫 번째 영화는 한국의 정창화 감독이 홍콩 자본(쇼브러더스)으로 제작한 <죽음의 다섯 손가락>(1972)이었고, 두 번째 영화는 청룽의 <홍번구>(紅番區: 1995)이다.

13 장이머우의 <영웅>은 2004년 9월 1~2주 동안 미국 전체 박스오피스 1위를 차지했다. 여기에는 중국 정부의 후원과 더불어 미국 시장의 배려 또한 작용한 것으로 추정된다. 즉, 중국 영화 시장의 개방을 위해 노력했던 할리우드 입장에서 중국 영화를 배려하기 위해 당시 <영웅>에 맞설만한 미국 대작들을 동시에 개봉하지 않는 전략을 취했다는 것이다. 이에 관해서는 제25차 중국영화포럼(2008.10.24, 동국대)에서 당시 미국에 체류 중이던 김영미 선생(이화여대)이 이 글에 대해 토론하면서 확인해 준 바 있다. 더불어 중국 정부의 후원에 대해서는 다음 기사도 참고할 수 있다. 박성후,「장이머우 감독의 '영웅' 만들기」, 문화방송 뉴스 칼럼 (http://imnews.imbc.com/mpeople/rptcolumn/723052_3571.html) 검색일: 2008.11.20.

14 관련 자료 및 정확한 수치는 영화 박스오피스를 전문적으로 집계하는 웹사이트 'BOXOFFICE MOJO'의 해당 항목을 참고.

(http://www.boxofficemojo.com/movies/?page=intl&id=lustcaution.htm)

15 Arjun Appadurai, 차원현 외 옮김, 『고삐 풀린 현대성』, 현실문화연구, 2004, 91쪽.

16 그 주요 내용은 다음과 같다. "1. 국가는 창작에 있어 사상성, 예술성, 관객성을 통일하고 실제와 생활, 군중에 더욱 가까이 갈 수 있도록 하며, 미성년자의 건강한 성장을 보호하는 우수한 영화를 이롭게 하고, 힘껏 선진문화를 발전시키며 건강하고 유익한 문화를 지지하고 낙후한 문화를 개조하기 위해 노력하며 부패한 문화를 굳세게 억지할 것을 제창한다. 2. 영화는 다음 내용을 다뤄서는 아니 된다. (1) 헌법이 확정한 기본 원칙을 위반한 것 (2) 국가의 통일과 주권, 영토의 완정에 위해를 가하는 것 (3) 국가 비밀을 누설하거나 국가 안전에 위해를 가하거나, 국가의 영예와 이익에 손해를 미치는 것 (4) 민족의 원한, 민족 차별, 민족 단결의 파괴, 민족 풍속과 관습의 침해를 선동하는 것 (5) 국가 종교 정책을 위반하여 사교나 미신을 선양하는 것 (6) 사회 질서를 어지럽히고 사회 안정을 파괴하는 것 (7) 음란, 도박, 폭력, 범죄 교사를 선양하는 것 (8) 타인을 모욕, 비방하거나 타인의 합법적 권위를 침해하는 것 (9) 사회의 공공도덕을 위해하거나 민족의 우수한 문화를 폄훼하는 것 (10) 구가 법률, 법규가 금지하는 기타 내용" 이후 뒤이어 반드시 수정, 삭제해야 하는 내용들을 열거하고 있다. 그러나 이러한 규정은 3월 초에 새로 정비되거나 규정된 것이 아니라, 「영화관리조례」(2002.2.1)와 「영화 시나리오(시놉시스) 등록 및 영화 관리 규정」(2006.5.22)에서 이미 공포된 내용이다. 즉, 이미 공포되어 시행되고 있는 법규를 다시 한 번 강조하고 나섬으로써 집안 단속을 더욱 확실히 하겠다는 의미로 풀이된다. 이상 관련 법규의 번역문에 대해서는 임대근 외, 『중국영화의 이해』, 동녘, 2008의 '부록'에서 확인할 수 있다.

17 "〈색/계〉의 여배우 탕웨이가 중국 정부에 의한 영화계 단속의 첫 희생양으로 떠올랐다. 외신에 따르면 SARFT는 탕웨이의 방송, 인쇄매체, 영화제 참가 금지를 요구하는 문서를 지난 3월7일 중국 언론에 보낸 것으로 알려졌다. 탕웨이가 모델로 활동 중인 화장품 광고는 이미 전면 중단된 상

태. SARFT가 탕웨이의 활동을 금지한 이유는 국가 고위관리들이 〈색/계〉의 성행위 장면과 '매국영화' 논쟁에 불편해했기 때문인 것으로 알려졌다. 리안 감독을 포함한 영화계 인사들은 탕웨이 활동 금지가 영화예술에 대한 탄압이라며 유감을 표했으나 SARFT와 탕웨이의 매니지먼트사는 아직 공식적인 언급을 꺼리고 있는 상태다." 『씨네21』 제645호, 2008.3.18.

18 중국 영화는 성적 표현에 민감하다. 국가라디오영화텔레비전총국(SARFT)은 자국 내 감독들에게 매우 엄격한 잣대를 들이대고 있다. 〈색/계〉가 삭제 개봉된 것은 그나마 나은 결정에 속한다. 1995년 완성된 황지안중(黃健中)의 〈다홍 쌀집>(大鴻米店)은 선정성을 이유로 아직도 상영 허가를 받지 못하고 있다. 작년에는 떠오르는 신예 러우예(婁葉)의 〈여름궁전>(頤和園)이 톈안먼 사태와 성적 표현을 이유로 금지 처분을 예상하고 독자적으로 칸 영화제에 출품하자 감독에게 5년 간 자격 정지 처분을 내렸다. 올해는 역시 주목받는 신예 리위(李玉)의 〈사과>(苹果; Lost in Beijing)가 마사지 업소에서의 성적 묘사로 규정을 어겼다며 상영 금지 처분을 받았다.

19 이에 관한 자세한 내용은 임대근, 「중국 영화학을 둘레 짓기 위한 한 가지 물음: 중국 영화학은 웨인 왕의 영화를 다룰 수 있는가?」, 『중국현대문학』 제32호, 2005.3; 「중국영화의 국적성 혹은 지역성과 역사·문화정치학」, 『영화연구』 제38호, 2008.12 참조.

2

현대 사회, '소비'의 문화적 특성
: 영화 〈쇼퍼홀릭〉을 중심으로

현대 사회, '소비'의 문화적 특성 : 영화 〈쇼퍼홀릭〉을 중심으로

—

류지민

1. 우리는 무엇을 소비하는가?

서구에서는 19세기 후반과 20세기 초반, 한국에서는 20세기 중·후반쯤 형성된 산업사회는 값싼 노동력과 상품을 소비할 시장을 필요로 했다. 이때 국가 내부에서는 일부 지역에 공장을 세우고 노동력을 투입함으로써 농업에 종사하던 인력까지 모두 도시로 끌어들였다. 그리하여 도시로 인구가 집중되는 현상이 생겨났다. 이때까지만 해도 소비는 대도시를 중심으로 이루어졌다. 그러나 교통수단의 발달은 다양한 지역으로 사물을 공급할 수 있게 되었다. 이에 더불어 가속화된 정보통신기술의 발달은 시·공간적 제약을 넘어 사물을 구매할 수 있는 가능성을 열었다.

이와 같은 가능성 이면에는 다양한 사회적 문제가 발생했다. 가령, 신용카드 돌려막기, 사채에 손을 대고 급기야 파산지경에 이르면서 자살을 선택한 사례 등을 예로 들 수 있다. 과도한 소비의 남용이 사회적 문제가 되었던 것은 이미 익숙해질 대로 익숙해진 뉴스거리다.

단칸방에 살면서도 값비싼 차에 명품가방으로 치장한 사람들 또한 흔히 가십거리로 여겨지는 이슈의 대상이다. 이 지점에서 질문이 던져진다. 우리는 무엇을 그토록 소비하고 있는가? 이에 대한 답을 찾기 위해서는 시대적 배경을 보다 면밀히 살펴보아야 한다.

정보통신기술의 발달로 인해 사물은 온·오프라인을 막론하고 진열되었다. 이른바 상점이 범람하는 시대를 맞이한 것이다. 하나의 상품은 오프라인의 개인 상점과 온라인 쇼핑몰에, 오프라인과 온라인 마트에, 또는 오픈마켓 등에 진열되었으며, 약국과 슈퍼, 문구점과 같이 각각의 정체성을 갖고 있던 상점은 차츰 드럭스토어(drug store)의 형태로 변모했다. 또한 사물의 품종은 점차 다양화되었고, 상점에는 가지각색의 사물이 진열되었다. 이와 같은 풍경이 벌어지는 현장을 두고, 보드리야르는 "풍부함의 일차적인 풍경이며 기하학적인 장소와 같다"[1]고 표현한다. '풍부함'이란 무엇이며, '기하학적인 장소'와는 어떻게 연결될 수 있을까? 그는 사물이 놓인 진열대와 그곳에 사물이 진열된 모습을 두고, "이러한 사물의 누적에는 생산물의 총합 그 이상의 것이 있다"고 말한다. 집단적으로 모여 있는 사물의 모습은 물질적인 차원을 넘어선 무언가, 즉 이미지를 발산한다는 것이다. 이것이 풍부한 풍경을 자아내는 것이며, 공간을 기하학적인 장소로 구성한다고 볼 수 있다.

실제 상점에 비치되어 있는 광고판과 진열대, 조명 등은 이러한 사물의 이미지화를 돕는다. 광고판의 광고는 상품을 환상적으로 표현하는 기능을 수행하며, 깔끔한 진열대와 조명은 사물을 더욱 돋보이게 한다. 우리는 이와 같은 요소가 다양하게 펼쳐진 드럭스토어 형태의 상점 내부에서 사물을 구매한다. 이 지점에서 보드리야르는 "소비자는 그 특수한 유용성에서 이러저러한 사물과 관계하는 것이 아니라 그 전체적인 의미 속에서 사물의 세트와 관계하는 것이 된다."[2]라고 지적한다. 우리는 상점에서 사물의 유용성이 아닌 사물의 총체가 만들어낸 사물 이상의 의미와 관계하는 셈이다.

우리가 사물의 이미지를 소비하는 것이 어떠한 문제를 발생시키는가? 실제 사례에서, 노스페이스(Northface)라는 브랜드의 점퍼가 청소년들 사이에서 선풍적인 인기를 끌었던 바 있다. 이 점퍼가 본연의 사용가치인 보온성의 문제라기보다, 브랜드 자체가 지닌 이미지 때문임을 우리는 모두 잘 알고 있다. 이 사례에서, 사물의 이미지는 가격의 높고 낮음에 따라 더욱 힘을 가지게 되었다. 청소년들은 노스페이스 점퍼를 통해 그들 사회에서의 서열관계를 형성했다. 이와 같은 사례가 주는 시사점은, 현대 사회에서 인간이 내부의 요인이 아닌 외부의 요인을 통해 자신의 가치를 만들어내고 있다는 점이다. 이와 같은 외부의 요인이 개인의 개별적 욕구로 인해 생성되는 것이 아니라, 집단적인 방식으로 생성된다는 점이 문제가 된다. 그리고 이는 각 소집단을 구분하는 기준이 된다. 이 지점에 대해서는 다음의 2장에서 더욱 자세히 언급하기로 한다.

따라서 본 연구에서는 앞서 언급한 현대사회의 쟁점, 즉 사물을 구매하기 위한 욕구의 이면에는 사물의 이미지로 자신을 포장하고자 하는 욕구가 있다는 점이 어떠한 사회적 문제를 야기하며, 문화적 특성을 지니고 있는지에 대해 살펴보고자 한다. 영화 <쇼퍼홀릭(Confessions of Shopahollic)>[3]은 이와 같은 지점을 살펴보는 데 유용한 도구가 된다. 이 영화가 현대사회를 살아가는 우리에게 시사하는 바는 무엇인지에 대해 살펴보는 것 또한 이 사회의 '소비'를 둘러싼 문화적 특성을 도출해내는 데 중요한 작업이 될 수 있을 것이다.

2. 사물의 가치에 대한 고찰

보드리야르에 따르면, '소비'는 단순히 사물을 통해 구매욕구를 충족하는 과정이 아니다.[4] 우리는 사물을 구매함으로써 자기만족에의 욕구를 충족하는 것으로, 소비는 다른 차원에서 발생한다. 마르크스가 언급했던 '사용가치(use value)'에 대한 담론의 키워드를 보드리야르의 식으로 이야기하자면 "본질적인 것"[5]이다. 이는 사물이 수행하는 본래적 기능을 뜻한다. 그는 과거 산업사회의 우리가 이와 같은 '본질적인 것'을 위해 사물과 관계하는 데 반해, 현대사회에서는 "비본질적인 것"[6]을 위해 사물과 관계한다는 점을 짚어내고 있다. 그리고 이와 같은 '비본질적인 것'이 "개인적 요구와 실행에 따르지 않고, 그 자체를 통해(그리고 양식의 일반적인 결합 관계를 통해)자신의 목적을 확실하게 하는 생산에 의해 체계화 된다"고 말한다. 결국 사물은 사회·문화적으로 생성되어 합의된 체계에 귀속된다는 뜻이다.

그는 소비를 "기호의 배열과 집단의 통합을 보증하는 체계"라 이른다.[7] 가령 우리가 소비하는 것은 머플러 자체가 아니라 청담동의 어느 백화점 명품상점에서 구매한 어느 브랜드의 머플러이며, 부유함과 우아함을 상징하는 머플러인 것이다. 이때 머플러는 상표, 광고, 기업이미지 등으로 인해 생성된 사회·문화적 이미지를 함축한다. 이는 해당 사회 내 구성원이라면 누구나 암묵적으로 공감하는, 이른바 '보편적인' 코드를 일컫는다. 이에 대해 보드리야르는 다음과 같이 말한다.

> 사람들은 자기 자신을 위해서 즐기지만, 그러나 소비할 때는 결코 혼자서 소비하는 것이 아니다(그러한 견해는 소비에 대한

> 모든 이데올로기적 논의에 의해 교묘하게 유지되어온 소비자의 환상이다). 사람들은 모든 소비자들이 자기들도 모르는 사이에 연루되는, 코드화된 가치들의 생산 및 교환의 보편화된 체계 속에 들어가기 때문이다.[8]

우리는 이와 같이 "코드화된 가치들의 생산 및 교환의 보편화된 체계" 속에 "자기들도 모르는 사이에 연루"된다. 소비에 관련된 사회적 이슈는 이와 같은 요인을 통해 발생한다. 다시 말해, 우리는 사물을 구매할 때 그것의 기능성보다 그것이 상징하는 이미지, 즉 코드화된 가치에 몰두한다. 나이키의 역동성, 아디다스의 프로페셔널함 등을 예로 들 수 있다. 사물의 코드화된 가치는 사회·문화적 이미지를 통해 체계화되며, 서론에서 잠시 언급하였던 바와 같이 우리는 사물을 구매하는 것이 아니라, 사물로써 구현된 이미지를 구매하게 된다.

이로써 코드화된 가치는 사물의 기능성, 즉 '본질적인 것'의 차원을 위협한다. 커피를 가는 기구의 커피를 가는 기능, 점퍼의 보온기능, 신발의 신체보호기능 등은 사물의 생산에 있어 큰 고려요인이 아니다. 사물의 생산에 있어 가장 큰 요인은 비본질적인 차원에서 고려된다. 사물을 만들어내는 제작자에게는 사물의 기능성보다 '이 사물을 통해 어떠한 사회·문화적 이미지를 생성해낼 수 있을까?'를 고민하는 작업이 우선시된다. 다시 말해, 제작자가 사물의 생산에 있어 비본질적 차원의 고려사항인 사물에 대한 사회·문화적 이미지를 형성하는 작업에 치중한 나머지 가장 본질적인 차원의 고려사항인 기능성이 일정부분 배제되는 경우가 있다는 것이다.

이제 모든 사물이 "소비자나 사용자의 사회적 배경이나 라이프스타일을 표현해주는 정보로 사용된다."[9] 실제 유명 브랜드 커피의 원료인 원두는 매우 값싼 노동력의 결과물이다. 그럼에도 불구하고 커피는 초기 제조가격과 비교해, 상대적으로 비싼 값에 팔리고 있다. '원두'는 물리적인 의미에서의 교환이 아닌 상징적인 이미지로서의 교환이 이루어지고 있는 셈이다. 마르크스가 언급했던 사물의 '교환가치(exchange value)'는 자본주의를 기반으로 한 현대사회에서 사물의 사회·문화적 이미지를 형성하는 데 도움을 준다. 중요지점은 우리가 사물을 소유하는 것이 곧 사회·문화적으로 코드화된 가치를 소유한다는 점에 있다. 보드리야르가 언급한 바와 같이, 이 시대의 "소비는 사회적 노동"[10]인 셈이다.

왜 하필 '노동'인가? 이는 사회·문화적으로 코드화된 가치 자체가 이데올로기적으로 작동하기 때문이다. 유명한 신발브랜드인 나이키는, 그들의 광고에서 운동선수를 광고모델로 내세워 그들이 착용한 나이키 신발을 클로즈업하고 'Just do it' 이라는 문구를 삽입한다. 마치 나이키 신발을 신으면 운동선수와 같은 활동성을 지니게 될 것이라 이야기하는 것이다. 우리는 실제적인 운동보다, 나이키 신발을 착용함으로써 활동성을 소유하고자 한다. 이와 같은 집단적인 영역의 이데올로기에서, 개인은 수동적일 수밖에 없다. 이데올로기란 근본적으로 개인의 가치관, 생활양식 등을 제약하는 속성을 지니고 있기 때문이다.

사물의 물리적인 의미는 사라지고 환영만이 남았다. 사물의 이미지, 사회·문화적으로 코드화된 가치만을 위한 생산과 소비가 만들어내는 쳇바퀴 속에서 사물의 본질적인 기능성은 생산의 영역에서도, 소비의 영역에서도 고려대상에서 제외되기 일쑤다. 그리고 이와 같은 사물의 비본질적인 가치는 사물의 "개성화"[11]를 통해 문화적인 소집단을 구분한다. 10대와 20대의 문화를 구분하며, 남성과 여성의 문화를 구분하고, 회사원과 학생의 문화를 구분하는 것이다. 비극은, 이와 같은 환영이 "기능의 모사물(simulacre)"로서 "사회적 차별을 짓는 노릇을 계속해서 맡아 수행할 것"이라는 점에서 비롯된다.[12] 과거, 왕이나 귀족의 소비 대상이 가진 위상은 현 시대에서 사물의 지위로 이동되었다고 볼 수 있다.[13] 종합하자면, 사물의 가치는 사회·문화적으로 코드화된 가치로서, 이데올로기적인 기능을 수행하며 소집단을 구분하는데 활용된다. 계급사회의 수직적인 서열이 현 시대에서도 마찬가지로 적용되며, 이 지점에서 사물이 중요한 역할을 맡는다는 점은 당시와 다를 바 없다는 점이 현대사회의 쟁점으로 작용한다.

시대가 흘러도 여전히 변하지 않는 계급사회의 서열에 대한 문제, 이 지점이 앞서 보드리야르가 언급한 바와 같이 "자기들도 모르는 사이에 연루"되는 요인이 된다. 자본주의의 본래적 이념이 계급사회를 타파하기 위한 목적으로 개인의 사유재산과 소유권을 인정한다는 점이었다면, 이와 같은 이념은 또 다른 계급사회를 조장하는 이데올로기적인 기능을 수행하고 있다. 이 지점에서 사물은 소집단을 구분하고 서열화하는 작업에서 중추적인 역할을 한다. 태생적으로 결정된 왕, 귀족 등의 계급이 아닌 사회·문화적으로 코드화된 사물의 가치를 통해 계급이 형성되는 것이다. 따라서 보드리야르는 사물이 "논리적 지위"를 가진다고 보았다.[14]

3. 소비의 좌표 : 영화 〈쇼퍼홀릭〉을 중심으로

앞서 2장에서 언급한 현대사회의 쟁점에 관해, 우리는 다음의 작품을 주목할 수 있다. 2008년에 미국에서 제작되고, 2009년에 한국에서 개봉된 영화 <쇼퍼홀릭>은 '레베카 블룸우드'라는 이름의 주인공을 앞세워 현대 사회의 소비문화에 대해 살펴보고 있다. 영화 포스터는 해당 영화의 주[그림1] 영화 <쇼퍼홀릭>의 포스터 내용을 가장 집약적으로 보여주는 역할을 한다. [그림1]은 이 영화의 포스터로, "새 직장? 안 돼도 그만! 새 남자? 생기면 좋고! 새 핸드백? 무조건 사수!"라는 문구가 적혀져 있다. 레베카는 자신의 외면을 치장하는 것을 좋아하는 인물로 그려진다. 과거, 자신의 패션에는 신경을 써주지 않는 어머니에 대해 서운했던 어린 시절의 레베카는 신용카드를 매직카드라 불렀다. 그녀에게 쇼윈도는 "꿈꾸는 완벽한 일들이 가득한 세상"이었고, '매직카드'는 그 세상으로 인도해주는 차표와 같았다.[15]

[그림1] 영화 〈쇼퍼홀릭〉의 포스터

우리 또한 이와 다른가? 명품가방을 사기 위해 신용카드를 무분별하게 사용하거나, 외제차를 사기 위해 과도한 금액의 대출을 받는 등의 사례가 주변에서 빈번하게 발생하고 있다. 이와 같은 과소비는 이 사회에서 소비에 관련되어 가장 두드러지게 부각되는 사회적 이슈이다. 하지만 현실의 실정에 맞지 않게 과소비를 하는 것보다 더욱 문제시 되는 지점은, 앞서 2장에서 언급한 바와 같이 사물이 갖는 "논리적 지위"이다. '버버리(Burberry)' 매장에 있는 모자는 버버리라는 브랜드의 이미지가 깃든 모자이다. 이때 우리는 사물로서의 모자가 아니라, 버버리라는 브랜드가 가지는 수많은 이미지들이 함축된 모자를 구매한다. 그리고 버버리 모자를 통해 버버리라는 브랜드의 이미지를 소유함으로써, 브랜드의 이미지가 갖는 사회적 계급에 귀속된다.

이러한 양상에는 '소비' 자체가 가지는 문화적 특성도 포함되어 있다. 하나의 주체로서 소비는 항상 시각적 환영을 자신의 요소로 동반해왔다.[16] 그리고 이와 같은 시각적 환영이 쇼윈도에 진열되었을 때, 앞서 영화의 나레이션에서 인용한 바와 같이, "꿈꾸는 완벽한 일들이 가득한 세상"으로 우리에게 비춰진다.

> 쇼윈도에는 여러 사물 및 제품이 화려하게 연출되고 신성한 물품인 것처럼 뽐내면서 진열되어 있다. 연출되어 진열된 사물에 의해 암시되는 상징적 증여, 쇼윈도 속의 사물과 인간의 시선간의 상징적인 무언의 교환은 물론 가게 안에서의 실제적인 경제적 교환으로 이끌지만, 반드시 그렇게 되는 것은 아니다. 어쨌든 쇼윈도의 수준에서 성립하는 커뮤니케이션은 〔…〕 사람들이 똑같은 사물을 보는 것에 의해서가 아니라 똑같은 사물 속에 똑같은 기호체계와 가치의 위계코드를 읽거나 인식하는 것을 통해 실현되는 것이다.[17]

우리가 흔히 말하는 '베블런 효과(veblen effect)'가 이에 적용된다. 값이 오를수록 상품의 수요가 증대하는 현상은 집단의 차원에서 암묵적으로 동의된 코드가 사물에 적용되기 때문에 발생한다. 다시 말해, "쇼윈도의 수준에서 성립하는 커뮤니케이션은 개인과 사물간의 커뮤니케이션이라기보다는 오히려 개인들 서로 간에 보편화된 커뮤니케이션인데, 이것은 사람들이 똑같은 사물을 보는 것에 의해서가 아니라 똑같은 사물 속에 똑같은 기호체계와 가치의 위계코드를 읽거나 인식하는 것을 통해 실현되는 것이다."[18] 따라서 우리의 소비는 사물을 둘러싼 기호를 통해 누군가에게 과시하기 위한 목적으로, 차별화를 위해 이행된다.

영화 <쇼퍼홀릭>에서 레베카는 신용카드를 12장이나 소지한 인물로, 쇼핑중독자이다. 그녀는 거리의 쇼윈도를 쉽게 지나치지 않는다. 또한 그녀에게 직장이란 단지 돈을 버는 곳에 불과하며, 그녀는 이 돈을 통해 오로지 자신을 치장할 사물을 구매하는데 몰두한다. 어느 날 그녀는 이직을 위해 면접을 보러 가는 길에, 홀린 듯 들어간 상점에서 초록 스카프를 발견한다. 초록 스카프를 맨 마네킹은 그녀에게 다음과 같이 말을 건다.

> "누가 스카프가 필요할까? […] 이 스카프에 대한 포인트는 너에 대한 판단의 일부분이 될 거고, 너의 정신이죠. […] 너는 모든 걸 입어야 해. 네가 면접에 합격할 거라고 확신해. 자신감, 균형감, 녹색 스카프 안의 소녀."

초록 스카프를 매게 되면 자신감과 균형감이 상승할 것이고, 그리 되면 면접에 합격할 것이라 확신하는 마네킹의 말에 레베카는 계산

대로 달려간다. 마네킹의 말에 따르자면, 중요한 면접에서 초록 스카프는 레베카에 대해 판단하는 기준이 될 것이며, 레베카에게 더욱 자신감을 불어넣어줄 것이기 때문이다. 그러나 면접을 위한 가장 중요한 준비는 업무에 관한 전문적인 지식을 습득하는 일이었음에도 불구하고, 정작 면접장에서 그녀의 모습은 그렇지 못했다. 초록 스카프 또한 매지도 못한 그녀는 면접장에서 면접관의 질문과는 상관없는 답변을 횡설수설 얘기한다.

<쇼퍼홀릭> 속 레베카에게도 그러했던 것처럼 백화점과 거리의 쇼윈도는 상당히 '매혹적'이다. 사물의 "논리적 지위"는 인간의 가치를 형성하는 가장 간편한 통로이기에, 더욱 '매혹적'인 것이다. 또한 사물은 이미 사회·문화적으로 코드화되어 있기 때문에, 인간의 사고 및 생활방식을 집약적으로 드러낼 수 있다. 이러한 지점으로 인해 우리는 의복과 장신구로써 멋을 부리려 하고, 더 많은 표현의 도구들을 소유하고자 한다. 이로써 과소비의 늪에 빠지게 되는 것이다. 그러나 앞서 잠시 언급한 바와 같이, 과소비보다 심층적인 영역에는 사물의 기호적 이미지가 작용한다. 그리하여 사물의 "논리적 지위"를 통해 "소비자는 논리적으로 어느 사물로부터 다른 사물로 손을 뻗치는데, 이때 그는 사물의 계략에 빠지는 것이다."[19] 여기서 "사물의 계략"이란 "구매 및 소유의 현혹과는 전혀 다른 것이다."[20]

'매혹적'이라는 수식어는 단순히 쇼윈도의 매력이 사물의 기호화된 이미지가 가진 매력에 기인한다는 것을 뜻하지 않는다. 분명 이 '매혹적'이라는 감성이 사회·문화적으로 동의된 것이라는 점을 짚어보아야 한다. 이러한 관점에서 "사물의 계략"은 구매를 유도하고 소유를 촉진하는 차원의 계략이 아니라, 이를 넘어 소비자를 "사물의 망"으로 향하게 하고, 의류, 화장품 등으로 이어진 "사물의 구입순서"

의 지도를 따라 소비의 체계 속으로 귀속시키고자 하는 차원의 계략인 셈이다.[21] 이로써 소비라는 것이 단순히 구매의 차원에서 그치는 문제가 아니라 사회·문화적인 속성을 매우 강하게 띠며, 자발적 욕망이 아닌 타자에 의해 의도된 욕망에서 비롯된다는 점을 지적해낼 수 있다.

다시 영화로 돌아오자. 포스터에도 언급되었던 바와 같이, 영화의 전반적인 모습에서 레베카는 남자와 직장으로 대표되는 현실의 관계보다 사물과의 관계를 우선시하는 입장을 보인다. 현실의 관계에서 그녀는 언제나 객체였다. 빚쟁이에 쫓기고, 회사 내부에서도 일반적인 사원이었다. 그러나 사물과의 관계에서는 마치 주체인 듯 행동했다. 그녀의 가장 친한 친구인 '수지'는 레베카를 찾는 빚쟁이로부터 그녀를 보호하는 등 마치 가족처럼 그녀와 동고동락하는 인물이다. 레베카는 수지에 의해 신용카드 영수증을 꺼내어 구매내역을 다시 한 번 되새겨보았다. 그녀는 점원이 불쌍해서, 저렴하게 세일을 했다는 등의 이유로 자신의 구매내역을 시종일관 변명했다. 철저한 자기합리화이다. 마치 그녀는 자신이 의도한 바대로 구매를 한 것 같지만, 면면을 따져보면 앞서 초록 스카프를 맨 마네킹의 술수에 넘어간 것처럼 구매를 하지 말아야할 이유보다 구매해야 할 이유를 합리화하는 데 더욱 몰두했던 것이다.

그러던 그녀가 생각의 전환점을 맞게 된다. 수지는 레베카에게 쇼핑중독치료를 권유하지만, 레베카의 중독증은 쉽게 고쳐지지 않는다. 빌린 돈을 갚지 못해 쫓기듯 생활하던 그녀는 수지의 결혼식에서 입을 들러리드레스마저 치료사에 의해 강제로 중고상점에 팔게 되고, <쇼퍼홀릭>의 중반부에서 다음과 같이 글을 써내려간다.

"신용카드란 반값 캐시미어 코트 같은 것이다. 처음에는 친한 친구가 되어줄 것 같지만 이는 그 코트가 진짜 캐시미어가 아니란 걸 깨달을 때 까지만 유지된다. 그리고 겨울이 오면 그 코트는 더 이상 친구가 아니다. 주의사항까지 꼼꼼히 읽어보아야만 한다. 구매하려고 하는 물건을 좀 더 살펴볼 필요가 있다."

그녀의 글은 얼핏 과소비의 문제로 귀결되는 것 같지만, 우리는 "이는 그 코트가 진짜 캐시미어가 아니란 걸 깨달을 때 까지만 유지된다"는 내용을 면밀히 살펴보아야 한다. 캐시미어라는 소재가 가진 사회·문화적 이미지가 코트를 구매하는 큰 요인이 되는데, 결국 이 내용은 가짜 캐시미어라는 것을 알았을 때 사물이 가진 가치는 하락한다는 것을 이야기하고 있다. 사물이 본질적 차원의 문제가 아니라 비본질적 차원에서 발생되는 가치로 사용된다는 것이다.

한편으로, 이 글은 그녀가 자신의 삶을 조금씩 주체적으로 살아가고 있다는 점을 보여준다. 이 글이 공표된 이후 직장 내·외부에서는 그녀에 대한 인지도가 상승하게 되었으며, 그녀에게 '초록 스카프를

[그림2] 영화 〈쇼퍼홀릭〉 중, 마네킹이 레베카를 유혹하는 장면

[그림3] 영화 〈쇼퍼홀릭〉 중, 마네킹이 기립박수를 보내는 장면

맨 소녀'라는 타이틀이 주어졌다. 이직을 하기 전 회사에서는 일반적인 사원에 불과하였다면, 이직을 한 이후의 회사에서는 매우 핵심적인 인물이 된 것이다.

우여곡절 끝에 들러리 드레스를 다시 되찾은 레베카는 친구의 결혼식에 무사히 참석한다. 집으로 돌아가는 길에 걷게 된 거리에서 쇼윈도의 마네킹은 다시금 그녀를 유혹하지만([그림2]), 그녀는 발길을 돌린다.

그런 그녀에게 마네킹들은 기립박수를 보낸다([그림3]). 길의 끝에서 그녀는 사랑하는 사람과 마주치고, 사랑을 확인하며 이 영화는 끝을 맺는다.

포스터에 적힌 "새 직장? 안 돼도 그만! 새 남자? 생기면 좋고! 새 핸드백? 무조건 사수!"라는 문구가 사실은 반어적으로 쓰였던 것이다. 레베카의 말처럼, 캐시미어 코트나 신용카드는 '친구'의 관계를 오래토록 지속하지 않는다. 그럼에도 불구하고 이에 대한 욕망에 둘러싸였던 레베카가, 영화의 말미에서 자신이 사랑하는 남자와 포옹을 하는 장면은 다음의 시사점을 준다.

[그림4] 바바라 크루거의 작품, 〈Buy me〉

결국 이 영화는 현실의 관계보다 사물과의 관계를 중요시했던 그녀가, 결국은 현실 관계의 중요성을 알게 되는 과정을 그리고 있다. 다시 말해 이 영화는 레베카 블룸우드라는 쇼핑중독자가 현실세계로 돌아오며 자신의 행복을 찾아나가는 과정을 그리고 있는 것이다. 현실세계로 돌아와 자신의 행복을 찾아나간다는 말은, 결코 사물과의 관계만이 자신의 행복을 담보하지는 않는다는 뜻과 상통한다. 또한 여러 계기로 레베카가 점차 자신의 삶이 객체로서가 아닌 주체적로서 꾸려나가는 모습은 삶의 주인이 바로 자신이라는 점을 시사한다.

이에 대해 다음의 작품을 살펴보자. 바바라 크루거(Barbara Kruger)는 사진과 텍스트를 결합하여 마치 지면광고의 하나를 보는 듯한 느낌의 예술작품을 주로 제작하는 아티스트이다.[22] 그녀의 작품 중 하나인 <Buy me>([그림4])를 살펴보자. 이 작품은 흑백으로 제작되었으며, 우스꽝스러운 모습의 인형을 바탕으로 두 사진에 각각 "Buy me", 두 사진의 중간에는 조그맣게 "I'll change your life" 라고 쓰여 있다. 이는 사물을 소비하게 되면 이것이 소비자의 삶을 바꾸어줄 것이라 말하고 있다. (물론 이는 반어적 표현이다.)

이 작품은 현대사회를 배경으로 사물과의 관계에서 주객이 전도된 현상을 지적하고 있다. 자신의 삶을 스스로가 바꾸는 것이 아닌, 사물이 바꾸어줄 것이라 일컫는다는 점이 현대사회의 가장 큰 문제지점이라는 것이다.

이에 대한 논의는 가와하라 가즈에의 글에서 잘 드러나고 있다.

> 오늘날 멋을 부린다는 것은 많은 기성복 가운데서 아이템을 잘 골라, 알맞게 배합을 해 입는 것이며, 그 결과 생기는 토털 패션은 단순히 외모만이 아니라 '나다운 것', 즉 나의 사고방식과 라이프스타일까지도 표현하는 중요한 요소라고 일반적으로 생각되고 있다.[23]

현대 사회의 소비문화에서 사물은 그 자체만으로 의미를 지니지 않으며, 마네킹의 말처럼 자신감, 균형감 등의 이미지가 투영되어 있다. 여기서 맥루한의 논의를 끌어오자. 그가 말한 대로, "피부의 확장으로서의 의복은 체온 조절의 기계라고도, 자아를 사회적으로 규정할 때의 수단이라고도 생각될 수 있다."[24] 이는 의복이라는 사물의 이중적 측면을 이야기하고 있다. 본질적인 차원에서 사물의 유용성과 비본질적 차원에서 사물의 이미지를 이야기하는 것이다. 맥루한은 이어서 이와 같은 의복이라는 사물이 "우리들 자아(自我)의 밑받침이 되고, 나아가서 자아에 작용하여 자아를 지원해 주고, 자아의 대체물이 되기도 한다"[25]고 말한다. 비본질적 차원에서의 사물이 인간과 관계 맺는 위치에 대한 이야기다. 가와하라 가즈에와 맥루한의 언급은 이 지점에서 일정부분 통하는 바 있다. 앞서 인용한 바와 같이, 오늘날 패션과 스타일은 '나다운 것'을 드러내는 통로, 즉 자신의 인격을 드러내는 통로의 역할을 하기 때문이다. 현대사회에서의 쟁점은 이보다 더 나아간다. 맥루한이 언급한 세 번째 문제, 즉 "자아의 대체물"이 되는 사물의 위치가 쟁점이 되는 것이다.

바바라 크루거의 작품, <Buy me>는 바로 이 지점에서 우리에게 일침을 가한다. 자세히 말해, 작가는 사물이라기보다 코드화된 사물의 이미지로써 자신의 삶을 가꿔나가려 하는 현대인의 모습에 일침을 가한다. 이 작품이 지닌 함의는 영화 <쇼퍼홀릭> 중 마네킹이 초록 스카프를 통해 레베카를 유혹하는 장면과 연결된다. 또한 레베카의 말처럼, 캐시미어 코트나 신용카드는 '친구'의 관계를 오래토록 지속하지 않는다. 그럼에도 불구하고 이에 대한 욕망에 둘러싸였던 레베카가, 결국 영화의 말미에서 자신이 사랑하는 남자와 포옹을 하는 장면은 우리에게 많은 시사점을 준다.

4. '사물의 계략'에 의해 발생되는 자기소외

3장에서 지속적으로 언급되었던 "사물의 계략"에 대해 다시 한 번 살펴보자. 이는 매우 논리적으로 사물의 소유를 유도하는데, 이를 위해 <쇼퍼홀릭>에서의 레베카가 그러했던 것처럼 자기합리화의 과정이 요구된다. 현대사회에서 사물은 비본질적인 차원에서 사회·문화적으로 코드화된 이미지를 지니고 있으며, 이 지점이 사물을 소유하는 데 있어 중요한 쟁점이 된다. 이에 대해 다시금 가와하라 가즈에의 논의를 빌려와 보자.

> 정신과 의사인 오히라 다케시는 종래 같으면 갈등이라고 할 수도 없는 가벼운 이유로 자기를 찾아온 환자가 인간관계라는 말을 하지 않으면서 '물건'에 관해서는 매우 달변인 것을 눈치 채고, 그들을 '물건을 얘기하는' 사람들이라고 이름 붙였다. (…) '물건

을 얘기하는' 사람들은 한결같이 '물건'에 관한 정보에는 상세하다. 가령 루이비통의 가방을 많이 수집해서 '가방의 이멜다'로 불리는 여성이 시계는 불가리, 롤렉스, 구두는 발리, 다니노크리스티라고, 자기가 갖고 있는 물건을 얘기하면서, 뜻이 맞지 않은 여성을 한국산 비통을 들고, 카르티에(Cartier)의 쓰리골드를 하고, 수트에 리복을 신고 회사에 와서는 좋지 않은 것으로 갈아 신는 '포리시(policy)가 없는 사람'으로 정의한다. 모두가 갖고 있으면 곧바로 구입한다든지, 잡지에 현혹되어 비싼 브랜드를 사는 것은 '포리시'가 없는 것이고, 비통과 같은 좋은 것을 많이 갖고, 그 진가를 아는 것이 '포리시'가 있는 것이라는 것이다. (…) '물건'의 제한 없는 소비를 촉진하는 장치=스타일이 매우 중요한 가치가 되어 있는 우리들의 사회에서 '물건을 얘기'하는 사람들은 스타일 소비가 가서 닿는 한 지점을 보여 주고 있다.[26]

이 논의에서 우리는 소비의 두 가지 문화적 특성을 알아낼 수 있다. 첫째는 우리는 인간을 인간이 지닌 사물로써 판단하려 한다는 점이며, 둘째는 이 시대를 살아가는 인간은 소비의 길에서 나름의 관점으로 질서를 구축한다는 점이다. 전자의 경우, 우리는 타인에 대한 판단을 할 때 상대방의 인간성이 아닌 상대방이 지닌 물건과 그것을 사용하는 방법(혹은 매치하는 방법)을 통해서만 한정짓고 있다는 점을 도출할 수 있다. 후자의 경우에는 보다 희망적인 것 같다. 사물을 매치할 때 어떻게 매치하는 것이 더욱 심오한 의미를 자아내는지에 대한 분간이 가능하기 때문이다. '포리시'가 있는 것과 없는 것에 대한 구분이 이에 포함된다. 때문에 인간은 자신만의 질서를 구축함에 따라 무분별한 사물의 소유를 지양하는 것처럼 보인다. 그러나 이는 레베카의 경우처럼 오히려 반대로, 더욱 많은 상품을 구매하고자 하는 욕망에 빠져들게 만든다. 또한 자신의 관점으로 사물을 소유하는 질서를 구축하는 듯 보이나, 실상 자기합리화에 불과하다는 것을 우리는 영화 <쇼퍼홀릭>을 통해 살펴보았던 바 있다.

따라서 현대 사회의 소비문화는 사람과의 교류보다 사물과의 교류가 더 익숙한, 이른바 '물건을 얘기하는' 사람들을 양산하고 있다. 이들은 사물의 사회·문화적 이미지를 한층 더 두텁게 만든다. 그리고 우리는 이 사회에서 '물건을 얘기하는' 사람들에 의해 의복과 장신구, 그리고 갖가지 소품 등을 통해 판단되어진다. 백화점의 피팅룸 앞, 또는 전면이 유리로 된 카페 등 무대는 다양하다. 넓게 보자면, 이 거리가 모두 전시관이 된다. 그리고 이러한 것들은 "세상의 모든 일들을 화면으로 내보내고 우리들을 그 관객으로 만듦으로써 세계를 '극장화'한다."[27] 이는 현실과 동떨어진 머나먼 곳에서 발생하지 않는다. 이와 같은 사회적 양상을 두고 이노우에 슌은 '겉치레의 문화'라 이른다.

> 현대 문화는 겉치레의 문화다. 가령 백화점이라는 구경거리의 공간은 소비자의 욕망을 채워 주기 위해 갖가지 전략과 연출을 필요로 하는 무대이기도 하기 때문에, 분명히 겉치레라는 측면을 갖고 있다. 현대의 소비문화 속에서의 구매행동은 반드시 생활에 필요해서가 아니라, 오히려 계층적 지위를 확인하기 위해서, 또는 유행에 뒤지지 않기 위해서, 혹은 이웃 사람들에게 뒤떨어지지 않기 위해서라는 구분짓기의 욕망 때문에 이루어지고 있어, 겉치레의 요소가 크게 작용하고 있음을 알 수 있다.[28]

이러한 '구분짓기'의 욕망을 위해 사물을 소유하는 과정에서 '선택'은 개성을 도모하기 위함이었지만, 이 또한 사물 자체가 지닌 이미지로써 소집단을 구분하는 차원을 벗어나지 않는다. 중요 지점은 사물을 소유하고자 할 때, 사물과의 관계에서 자신이 주객 중 어떠한 위치에 있느냐에 대한 문제에 있다. 다시 말해, 우리가 타자와의 구분짓기를 위해 사용하는 것은 상품에 드러나 있으며 "누구나 암묵적으로 인지하고 있는 사회적 약호"[29]이다. 사회적 약호는 그 사회에 속한 군중에게 경험적으로 수용된, 혹은 약속된 기호의 체계를 뜻한다. 따라서 개성화를 위한 우리의 '선택'은 공통과 차이를 발견하기 위해 비교가 가능한 추상적인 기호의 체계 속에 수렴된다.

보드리야르의 말처럼, "자기를 타자와 구별하는 것은 바로 어느 한 모델과 일체가 되는 것, 어느 한 추상적 모델 및 어느 한 양식의 결합 형태에 근거해서 자기를 특징짓는 것이며 따라서 바로 그러한 방법으로 실제적인 모든 차이와 특이성(singularité)을 포기하는 것이다."[30] 따라서 그가 「소비의 사회」의 결론에서 밝힌 바와 같이, "소비의 주체는 개인이 아니라 기호의 질서"[31]인 것이다. 소비사회가 빚어낸 거대한 기호의 질서, 이로써 형성된 추상적 이미지의 굴레 안에서, 주체적 인간은 기호의 질서에 주체성을 이관하고 오히려 종속되고 있다. 이 지점에 대해 박치완은 다음과 같이 말한다.

> 주체적 인간 존재가 이미지의 노예로 전락해 가고 있다는 것은 단적으로 인간이 자기 자신의 주인, 즉 근대적 의미의 자율적이고 자기 창조적 주체로서의 역할을 상실했다는 것과 맥이 통하는 말이다. 이미지에 자신의 정체성과 주체성을 상실한 현대인은 그리하여 결국 자신의 세계와 삶의 터로부터 분리되는 것

은 두 말할 것도 없고, 자신이 값진 노동을 투자한 생산물로부터도 철저히 소외를 경험하게 된다. 이렇게 이미 자기 자신을 상실한 인간이 자신의 소외와 고립을 극복하려는 아무런 노력도 하지 않는다는 것이 실은 문제이다. 그 정도로 현대판 이미지들은 오염성이 강하며 강력하다.[32]

앞서 3장에서 잠시 언급되었던 영화 <쇼퍼홀릭>의 포스터에 적힌 문구에서 드러나듯 삶의 터전인 직장도, 인간관계에 있는 남자도 아닌, 사물인 핸드백과의 소통만을 추구하는 영화 속 주인공, 레베카가 과연 영화 속에만 존재하는 인물인지에 대한 진지한 성찰이 요구된다. 레베카의 경우와 같이, 삶의 터전과 인간관계보다 친밀하게 형성된 사물과의 애착관계는 과연 지속될 수 있는 것인가? 인용문에서 박치완이 언급한 바 있듯, "현대인은 […] 자신이 값진 노동을 투자한 생산물로부터도 철저히 소외를 경험"하게 된다. 주체가 아닌 객체의 위치에 머무른다는 말이 이와 같다. 우리는 자신의 삶을 스스로 꾸리지 못하는 삶을 영위하며, 이를 유도하는 사회와 사물에 둘러싸여 살아가고 있다.

5. 주체적 소비를 위하여

본 연구에서는 사회·문화적으로 코드화된 사물의 가치에 대해 살펴보며, 이를 영화 <쇼퍼홀릭>에 대입하여 분석해 보았다. 최근에 제작되고 상영된 이 영화는 주인공 레베카라는 인물을 통해 현대인과 사물의 관계를 드러냈다. 레베카는 사람, 사물 등의 모든 관계에서 객체의 위치에 머물러 있다가, 영화의 결말에 가까워질수록 점차 주체적으로 자신의 삶을 꾸려나가는 모습을 보여주었다. 이를 통해 주체적인 삶의 행복에 대해 다시금 생각하게 만들었으며, 또한 사물과의 관계에서 우리는 어떠한 위치에 있었는지에 대해 고찰할 수 있는 여지를 주었다.

4장에서 언급한 바와 같이 우리는 겉치레의 문화 속 타인과의 구분짓기를 위해 자신의 주체성을 기호의 질서에 이관하고 있지는 않은지, 잘 살펴보아야 한다. 소비에 관해 최근에 두드러진 각종 이슈에서, 우리는 마치 소비를 행해야만 사회를 유지할 수 있다는 생각을 무의식에 내포하고 있는 것처럼 보인다. 이와 같은 소비의 매커니즘은 기호의 질서를 유지하는 역할을 수행한다. 이 지점이 소비 중심 사회의 모델이다. 소비 중심 사회에서 소비는 사회를 구성하는 틀 속에서 수많은 장치들의 윤활유가 된다. 또한 '사물의 계략'으로 말미암아 소비자와 사물이 지닌 기호의 질서는 주객이 전도된다.

사회·문화적으로 코드화된 사물의 이미지, 가치는 더욱 더 증폭되고, 이와 동시에 사물은 이미지에 힘입어 인간을 구분하고자 한다. 다시 말해, 인간은 자의에 의해서가 아닌 사물의 체계, 즉 타의에 의해서 구분되는 것이다. 결국 소비는 이렇듯 "아무 의미도 형상도 갖지 않은 허상, 환영"[33]을 위한 고군분투라는 점이 우리를 애석하게 한다. 우리의 사회가 소비 중심 사회로 나아갈수록 사물과의 관계에서 우리는 언제나 객체일 수밖에 없으며, 이것이 정말 당면한 현실이라면 우리의 삶은 언제나 불안정한 상태일 수밖에 없다. 삶의 가치가 스스로가 아닌 사물, 즉 타자에 중점을 두고 있으며, 이와 같은 타자의 계략에 의해 좌우되다 보니 '나의 삶'은 내가 아닌 타자의 뜻을 따를 수밖에 없다. 스스로가 주도하지 않는 삶이란 그저 또 다른 누군가의 도구에 지나지 않음을 자각하기에, 우리가 살아가고 있는 작금의 현대 사회는 매우 빠른 속도로 소비 중심 사회로 돌진하고 있다. 소비 중심 사회에서 끊임없이 순환되는 무한생산과 무한소비의 매커니즘이 만들어내는 사회의 극단은 비극적일 수밖에 없다.

현재 일각에서 '합리적 소비', '착한 소비' 등의 슬로건을 내세우며 건전한 소비 매커니즘을 꾸리고자 하는 노력이 조금씩 드러나고 있다. 사물과의 관계에서 사물의 사용가치와 교환가치, 이를 소유함으로써 얻을 수 있는 만족감 등의 면면을 자세히 따지자는 셈이다. 하지만 이 또한 더욱 사물의 체계로 수렴되는 결과를 낳을 수 있는 여지가 있다. 다시 말해, 소비 중심 사회를 벗어나기 위한 시도인 것처럼 보이나 실상은 이러한 사회로 더욱 가속화하여 나아갈 수 있는 가능성이 있을 수 있다는 것이다. 앞서 지속적으로 살펴본 바 있듯 소비 중심 사회의 핵심, 즉 소비단계에서 인간이 언제나 객체의 위치에 머무른다는 점이 이 사회로의 진입을 지양해야 할 이유가 되었다. 따라서 이와 같은 슬로건의 핵심은 '보다 주체적인 소비를 지향하자'는 지점이 되어야 할 것이다.

주석

1 이에 관련된 전문은 다음과 같다. "통조림, 의류, 식품 및 기성복으로 화려하게 꾸며진 백화점은 풍부함의 일차적인 풍경이며 기하학적인 장소와 같다. 그러나 백화점만이 아니라 상품으로 가득 찬 휘황찬란한 진열장 및 육류진열대의 모든 통로, 그곳에서 벌어지고 있는 식료품 및 의류의 향연은 마법처럼 침샘을 자극한다. 이러한 사물의 누적에는 생산물의 총합 그 이상의 것이 있다." Jean Baudrillard, 이상률 옮김, 『소비의 사회』, 문예출판사, 1999, 17쪽.

2 위의 책, 18쪽.

3 이 영화는 소피 킨셀라의 소설 『쇼퍼홀릭』을 바탕으로 제작되었다.

4 이에 대해서는 그의 박사학위논문을 저서로 출간한 『사물의 체계』를 통해 이야기할 수 있다. 그는 이 저서의 결론에서 다음과 같이 말한다. "사물과 생산물이 소비의 대상이 아니라 욕구와 욕구 충족의 대상일 뿐이라는 사실을 분명히 밝혀야 한다." Jean Baudrillard, 배영달 옮김, 『사물의 체계』, 지식을만드는지식, 2011, 313쪽 참조.

5 그는 『사물의 체계』의 서론에서 커피를 가는 기구를 예로 들며, "본질적인 것"과 "비본질적인 것"을 구분한다. 본질적인 것은 "실제로 커피를 가는 기구의 기능"을 뜻하며, 비본질적인 것은 이 기구가 "초록빛이고 직사각형인지 혹은 장밋빛이고 사다리꼴인지 따지는 일"을 뜻한다. Jean Baudrillard, 배영달 옮김, 위의 책, 12쪽 참조.

6 Jean Baudrillard, 배영달 옮김, 위의 책, 12쪽.

7 Jean Baudrillard, 이상률 옮김, 위의 책, 112쪽.

8 Jean Baudrillard, 이상률 옮김, 위의 책, 112~113쪽.

9 이노우에 슌, 「현대 문화를 인식하는 길」; 井上俊 엮음, 최샛별 옮김, 『현대 문화론』, 이화여대출판부, 2004, 21쪽.

10 이 문장에서 이어진 문장은 다음과 같다. "소비자는 (오늘날에는 아마도 '생산'의 수준에서와 마찬가지로) 이 수준에서도 역시 노동자로 필요되고 또 동원되고 있다." 이 지점에서 그는 소비사회에서 소비자는 수동적으로 존재하고 있음을 언급하고 있다. Jean Baudrillard, 이상률 옮김, 위의 책, 123쪽.

11 보드리야르는 비본질적인 영역의 '개성화'에 대해 다음과 같이 말한다. "하나의 사물의 유일한 기능은 다양한 형태 속에서 번갈아 특수한 것이 될 수 있다. 이때 우리는 비본질적인 것의 영역인 '개성화'와 형식적 내포의 영역에 있게 된다." 그는 이 문장을 통해, 사물의 사용적 기능이 사회·문화적으로 형성된 이미지를 통해 소집단을 구분하는 기능으로 전이된다는 점을 짚어내었다고 볼 수 있다. Jean Baudrillard, 배영달 옮김, 위의 책, 12~13쪽 참조.

12 Jean Baudrillard, 이규현 옮김, 『기호의 정치경제학 비판』, 문학과지성사, 2007, 16쪽 참조.

13 원문은 다음과 같다. "〔…〕 이는 그들이 현대에는 존재하지 않는 왕이나 귀족계층들의 소비사물을 현대의 상품지위로 이동시켜 선택, 소비 가능한 교환가치의 사물로 만들어 다른 사람들과 차이표시 적 의미의 기호인 명품브랜드 제품으로 사용하게 만든 것이다." 박미령, 「명품브랜드 사비의 사회 경제 문화적 특성에 관한 연구: 보드리야르의 소비사회이론을 중심으로」, 『한국의류산업학회지』 제8권 제2호, 한국의류산업학회, 2006, 186쪽 참조.

14 상품의 "논리적 지위"는 상품이 "몰입과 매혹, 열정과 보호의 대상으로서 주체와의 전적이고 배타적인 관계에 의해 한정"되어 "주체는 그 대상

을 자기 자신의 신체처럼" 둘러싼다는 점, 그리고 "자체의 표지에 의해 특수성이 부여"되고 "지위·위세·양태의 차별적 함의를 지닌 대상"이라는 점에서 형성된다. 이에 대한 논의는 보드리야르의 글을 참고할 수 있다. Jean Baudrillard, 이규현 옮김, 위의 책, 58쪽 참조.

15 "꿈꾸는 완벽한 일들이 가득한 세상"이라는 표현은 영화 <쇼퍼홀릭>의 나레이션에서 활용되었다.

16 Arjun Appadurai, 차원현 외 옮김, 『고삐 풀린 현대성』, 현실문화연구, 2004, 121쪽.

17 Jean Baudrillard, 이상률 옮김, 위의 책, 278쪽.

18 Jean Baudrillard, 이상률 옮김, 위의 책, 278쪽.

19 Jean Baudrillard, 이상률 옮김, 위의 책, 19쪽.

20 Jean Baudrillard, 이상률 옮김, 위의 책, 19쪽.

21 Jean Baudrillard, 이상률 옮김, 위의 책, 18~19쪽 참조.

22 바바라 크루거는 1945년 미국 뉴저지의 중산층 가정에서 외동딸로 태어났다. 잡지 편집자로 일했던 바바라 크루거는 강렬한 흑백 대비의 선명한 사진 위에 남녀 차별 및 상업화의 그늘에 가려진 여성의 목소리를 대변하는 문구를 새긴 작품으로 파란을 일으키며 카셀 도큐멘타 등에 참여하였다. 본 연구에 언급된 작품 외에, 그녀는 <당신의 몸이 전쟁터다>, <우리에게 또 다른 영웅은 필요없다>, <당신이 편안하려면 내가 입을 다물어야 한다> 등의 작품을 남겼다. 그녀의 작품은 자본주의에 대한 비판적인 태도를 지니는 글에 자주 언급되고 있다. 정윤수, 『문화예술 100과사전』, 숨비소리, 2007, 360~361쪽 참조.

23 가와하라 가즈에, 「'나다운 것'의 신화: 패션이라는 제도」; 井上俊 엮음, 최샛별 옮김, 위의 책, 223쪽.

24 Marshall McLuhan, 박정규 옮김, 『미디어의 이해』, 커뮤니케이션북스, 2008, 134쪽.

25 가와하라 가즈에, 위의 글, 235쪽.

26 가와하라 가즈에, 위의 글, 234쪽.

27 이노우에 슌, 위의 글, 24쪽.

28 이노우에 슌, 위의 글, 20쪽.

29 이를 다른 말로는 '문화코드'라 할 수 있다. 본 연구에서의 쟁점은 이와 같은 문화코드를 형성하는 주체로서의 인간이, 오히려 문화코드를 주체화하고 그에 객체로서 종속되는 소비 중심 사회에 대한 비판이다.

30 Jean Baudrillard, 이상률 옮김, 위의 책, 129쪽.

31 Jean Baudrillard, 이상률 옮김, 위의 책, 326쪽.

32 박치완, 「스펙타클의 지배와 인간의 (자기) 소외: G. 드보르의 『스펙타클의 사회』를 중심으로」, 『철학연구』 제33권, 고려대학교 철학연구소, 2007, 195쪽.

33 이는 박치완이 보드리야르의 시뮬라크르적 세계관에 기준하여 '시뮬라크르'를 재정의한 것이다. 박치완, 「J. 보드리야르의 시뮬라크르, 시뮬라시옹 개념에 대한 일 반역(反譯)」, 『해석학연구』 제21집, 한국해석학회, 2008, 145쪽.

3

통제하는 미디어, 틈입하는 대중

: 능동적 수용자 이론과 〈서바이벌: 나는 가수다〉를 중심으로

문화연구와
문화콘텐츠

3

통제하는 미디어, 틈입하는 대중
: 능동적 수용자 이론과 〈서바이벌: 나는 가수다〉를 중심으로

—
박지훈

1. 서언: 대중을 바라보는 시선의 전화(轉化)

주지하다시피 텔레비전을 위시한 전자매체는 오늘날 인간과 거의 숙명적인 관계를 맺는 기제로 공고히 자리 잡았다. 맥루언(Marshall McLuhan)이 '지구촌'의 존재를 상정하면서 내비친 함축들은 물론이거니와, 그러한 함축을 전제로 하는 "공적 생활의 텔레비전화는 후기 자본주의의 중요한 정치적 요인으로서 결코 무시될 수 없다"[1]와 같은 주장 역시 이러한 현실에 근거한다. 이는 또한 정치적이며, 따라서 탈 객관적인 가치판단의 범주로 간주되는 문화연구(Cultural Studies)가 텔레비전 프로그램을 주요한 연구 대상으로 삼은 이유이기도 하다. 그리하여 얼핏 보기엔 비정치적인 듯한 텔레비전 프로그램에서도 문화연구는 얼마든지 '의미'를 추출해낸다. 그리고 이처럼 문화연구가 갖는 정치성은, 수용자인 대중이라는 존재와 불가분 연관될 수밖에 없다.

대중에 대한 시각은 그람시(Antonio Gramsci)나 마르크스(Karl Heinrich Marx)는 물론 소위 '좌파' 이론가인 아도르노(Theodor

Adorno)와 호르크하이머(Max Horkheimer)를 위시한 초기 프랑크푸르트학파, 그리고 오늘날의 문화연구에서 드러나는 일련의 경향에 이르기까지 이데올로기와 얽혀 다소 복잡한 스펙트럼을 갖는다. 즉, 대중이 과연 '자율적인', '능동적인' 집단인가라는 축약된(또한 대단히 거친) 물음 앞에서 흔한 정치적 분류인 좌파와 우파, 진보와 보수라는 간명한 이분법적 공식은 적용하기 힘들다. 가령, 아도르노와 호르크하이머가 견지하는 대중 인식은 다분히 불신과 의심에 찬 것이다. 그들은 대중을 "틀에 박힌 문화산업의 산물에 빠져서*자유로운 상상력과 반성이 마비되고 마침내 정신적인 불구가 되어버리는"[2] 존재라 단정한다. 그런데 이러한 성향은 정도의 차이는 있을지언정 동시대를 살았던 극좌파 사상가였던 그람시, 그리고 전세대의 거두이자 원류였던 마르크스에서도 드러나는 바[3], (비록 의도에 따른 차이는 있지만) 히틀러(Adolf Hitler)나 괴벨스(Paul Joseph Goebbels)와 같은 파시스트들의 대중 인식과 합치되는 면이 적지 않다. 요컨대, 대중은 조작되기 쉬운 존재라는 것이다.

그러나 이와 같은 대중에 대한 부정적인 인식과 믿음은 문화연구라는 용광로가 뿜어내는 열기에 의해 상당 부분 증발한 듯하다. 그 상징적 인물인 스튜어트 홀(Stuart Hall)은 문화연구의 진지(陣地)에서 구축한 입지를 토대로, 대중문화의 역할과 대중의 능동성에 대한 단초를 마련하는데 공헌한 바 있다. 그리고 이러한 경향을 이어받아, 1980년대에 도출된 이른바 신수용자/능동적 수용자 이론의 핵심주자가 바로 본고에서 다룰 존 피스크(John Fiske)이다. 피스크가 내세우는 주장의 요지는 미디어 텍스트의 지배문화를 위해 복무하는 헤게모니에 맞서 수용자가 자율적, 능동적으로 대응한다는 것이다.

> 홀의 영향력 있는 논문, 「부호화/해독(Encoding/Decoding)」은 종종 영국 문화 연구의 전환점으로 보이는데, 왜냐하면 그것은 텔레비전 프로그램을 단일한 의미만 갖고 있는 것이 아니라 상대적으로 열려 있는 텍스트로 간주하고, 다른 사람들에 의해 다른 방식으로 읽히는 것이 가능하다는 개념을 도입했기 때문이다. 또한 홀은 사람들의 사회적 조건과 그들이 텔레비전 프로그램에서 만들어내는 의미들 사이에는 필연적인 상관관계가 있다고 주장한다. 그래서 그는 지배 이데올로기를 담지하고 있는 텍스트 구조와 그 지배 이데올로기와 잘 들어맞지 않은 시청자들의 사회적 상황 사이에서 긴장이 발생할 수 있다는 점을 전제한다. 텔레비전 해독이나 시청은 시청자들과 텍스트 사이의 타협(협상)의 과정이다. 타협(협상)이라는 용어를 사용하는 것은 아주 중요한 의미가 있는데, 왜냐하면 그것은 어떤 식으로든 흥미들 사이의 갈등이 화해되어야 할 필요가 있다는 것을 의미하는 것이고, 텔레비전 해독의 과정에서 독자가 이미 텍스트에 구성되어 있는 의미를 수동적으로 받아들이는 것이 아니라 텍스트로부터 능동적인 의미를 만들어낸다는 것을 의미하기 때문이다. (…) 그러므로 텔레비전 텍스트는 담론(그것이 많은 모순을 포함하고 있다면 수많은 담론일 수 있다)이며, 해독자의 의식은 그 해독자가 사회적 경험을 이해하게 되는 담론의 수에 의해 구성된다.[4]

이와 같은 피스크의 주장에 비추어 볼 때, 한동안 우리 사회를 달구었던 텔레비전 예능 프로그램 <우리들의 일밤>(이하 '일밤')의 간판코너 <서바이벌: 나는 가수다>(이하 '나가수')는 그의 이론을 살펴보기에 적합한 사례라 할 수 있을 것이다. 방영 초기 현역 중견 가수

7명이 두 번의 경합을 벌여 합산한 득표율 순으로 순위를 정해 탈락자를 뽑는 서바이벌의 형식을 취했던 이 코너는 외관상 별다른 정치성을 관찰할 수 없다. 그러나 이 프로그램이 첫 방송 후 지금까지 많은 국민의 주목을 받으며 끊임없는 담론(더러는 낭설에 가까운)을 생산하고 있다는 사실을 고려한다면 전술한 인용문은 의의를 갖는다. 즉, 수용자와 소통하거나 그렇지 못한 텍스트로 <나가수>는 유의미한 분석 대상이 된다.[5] 이와 같이 진단할 때, 이 연구가 수행하고자 하는 바는 다음과 같은 구조를 갖게 될 것이다. 먼저 피스크의 이론의 대강을 살펴보고, 이를 통해 <나가수>를 분석할 것이다. 여기서는 인터넷 문화기술지(internet ethnography)를 활용할 것을 밝혀둔다. 이는 피스크 본인이 주장한 바 있듯이, 텍스트와 사회가 만나는 지점은 해독 행위나 해독의 과정을 통해서 파악할 수 있다는 전제와, 동시에 그 실증적인 방법론으로 "민속지학 연구는 이러한 과정을 조사하고 기호학적 해독이나 구조주의적 해독을 사람들이 실제로 이해하거나 혹은 이해한다고 말하는 해독과 비교하기 위해 개발된 방법"[6]이라는 정의에 동의함을 의미한다.

2. 피스크의 능동적 텔레비전 수용자 이론

피스크의 능동적 텔레비전 수용자 이론은 아래에 소개할 당대의 주류 이론에 대한 직·간접적인 반론 혹은 대안으로 탄생하였으며, 학제적 경향을 고수하는 문화연구의 기조에 상당 부분 빚지고 있다.

첫째, 프랑크푸르트학파 이래 당대 좌파들의 주된 이론적 근거였던 대중사회 테제(mass society thesis)에의 반발. 이는 서언에서 언급한 바와 같이 대중을 계몽의 대상으로 간주했던 당대의 경향에 맞선 것이다. 익히 알려져 있듯, 그러한 경향을 대변하는 아도르노는 『계몽의 변증법』에서 인류의 진보를 추동한 요인이자 주도적 가치였던 계몽이, 오늘날에는 "지배 자체로서 대중에 대한 총체적 기만으로 변질되며"[7], 문화 산업은 그러한 지배체계를 보편화시키고 대중을 동화시키는 체계라고 적극 경계했던 바 있다. 그러나 이는 역설적으로 대중을 계몽의 대상으로 전제하는 구습의 연장선에 있으며, 대중의 자율성과 능동성을 인정하지 않는 태도이다.

둘째, 1950~70년대의 주류 미디어 이론이었던 '이용과 충족 이론'(use and gratification theory)[8]이 갖는 한계의 극복. 즉 이용과 충족 이론이 연구의 대상을 매스미디어에서 수용자로 돌려놓은 공(功)에 비해 오직 욕망에 의해 미디어를 취급하는 욕망의 존재로 인식함으로써 미디어와 수용자의 관계를 올바로 그리는데 실패하였다는 과(過)를 뚜렷이 적시한 것이다.

셋째, 1970년대 영미권에서 횡행했던 구조주의 기호학의 틀에 의거한 텍스트 분석에 대한 비판.[9] 그런데 이는 홀에 의해서 먼저 지적되었음을 인지할 필요가 있다. 그는 "사건이 시청자에게 '의미 있는' 것이 되려면, 반드시 그 담론을 독해하고 이해해야만 한다. 〔…〕 만일 시청자가 그 독해에 따라 행동한다면 그 자체가 하나의 사회적 실천이 되고 사회적 사건이 된다"[10]고 밝히면서 세 가지의 코드를 통한 가설을 내놓았다.

한편, 데이비드 몰리(David Morley)는 이 같은 홀의 독법을 검증하고자 했는데, "다시 말해서 어떻게 텔레비전 텍스트에 대한 개개인의 해석이 사회적· 문화적 배경과 결부되는지"[11] 밝혀내고자 한 것이다. "민속지학적(문화기술지적: 인용자) 방법의 이론적 정당화와 수용자 해독에 대한 경험적인 연구를 부호화/해독 모델의 넓은 지평 내에서 결합하였다."[12] 그리하여 몰리가 파악한 홀의 모델의 내재적 결점은 그 핵심 개념인 '선호적 해독'(preffered reading)[13]이 지배적/협상적/대항적 해독[14]이라는 가설적 독법에서 "단지 제한된 장르(뉴스와 시사 프로그램)에만 해당되는 것으로 다른 장르에까지 일반화할 수 없으며, 더욱이 사회적 계급과 해독 사이에 일관적인 관계가 있는 것도 아니라"는 것이었다.[15]

양자의 연구와 더불어, 수용자의 의미 생산에서 텍스트에 대한 대중의 해독에만 집착하지 않고 일상생활에서의 실천적 의미에 주목한 미셸 드 세르토 역시 피스크에게로 이어지는 중요한 고리를 제공하였다. "세르토가 제기하는 피지배 대중의 일상적인 저항의 실천이론은 대중문화 수용과정에서 발생하는 대중의 즐거움의 문제와 결합하여 대중문화가 주는 '저항적 즐거움'의 가능성을 상정할 수 있게 해주었다."[16]

이러한 사유들에 근거하여 도출된 피스크의 이론에서 우리는 마침내 수용자의 능동적 의미 구성에 대한 적극적 해석을 마주하게 된다. 피스크는 수용자 연구가 새롭게 수행되어야 할 필요성을 역설하면서 다음과 같이 진단한다.

> 사회적 주체(대중: 인용자)는 한 역사를 가지고 있고, 특정한 사회구성체(계급, 인종, 성, 연령, 지역 등)속에서 살아가며, 사회적이고 동시에 텍스트적인 복잡한 문화적 역사에 의해 구성된다. 주체성은 '현실적인' 사회적 경험으로부터, 그리고 매개된 혹은 텍스트적인 경험으로부터 생긴다. 실제의 텔레비전 수용자는 우선적으로 사회적 주체이다. 이 같은 사회적 주체성은 의미구성에

있어 오직 독해의 순간에만 존재하는 텍스트적으로 생산된 주체성보다 더욱 강력한 영향력을 발휘한다.[17]

따라서 그가 인식하는 대중의 텍스트 해독은 사회적 관계의 영향 아래 수행되는 작업이다. 이때 사회적 관계는 어떻게 작동하는가? 능동적 수용자 이론을 도출하기 이전인 1970년대에 존 하틀리(John Hartley)와 공동 집필한 저작, 『TV읽기』(1978)에서 우리는 후일의 피스크가 제시하는 논리의 기본 원리를 엿볼 수 있다. 이 책에서 피스크는 기본적으로 모든 텔레비전 담론의 공통적인 특징은 구비적 논리(oral logic)이라고 주장한다. 즉, "텔레비전의 의미는 형식논리의 구조를 통해서가 아니라 말로 된 담론과 시각적 이미지의 결합장치를 통해서 도달된다는 것을 암시한다."[18] 그리고 이 같은 구조에 따라 움직이는 텔레비전의 메시지와 기능, 양식이야말로, "다른 사람과의 접촉"을 환유적으로 전달하며, 문자양식에 대한 구비양식의 "잊혀져 있던" 우월성을 복각시키는 것이다.[19] 따라서 이처럼 구비적 논리에 따라 작동하는 텔레비전 담론은, 마찬가지로 역시 구두로 생성·유통·확대되는 독자들의 비-텔레비전적 의미, 다시 말해 사회적 관계와 접합될 때 대중성을 확보할 수 있는 것이다. 그렇게 볼 때 텍스트란, 결코 단방향적인 의미구조가 아닌, 대중에게 의미와 쾌락을 촉발시키는 인자로 재정의되어야 마땅하며, 대중의 일상생활 속에 삽입됨으로써 완성된다.

이러한 연유에서 피스크가 우리에게 "텔레비전을 지배 이데올로기의 영향력이 발휘되는 닫힌 텍스트로 간주되어서는 안 되며, 텍스트적 구조에 의해 선호되지 않는 열려진 의미를 텔레비전 수용자가 구성할 수 있게 해주는 '틈새와 빈 공간'에 주목할 것"[20]을 강조하는 것은 자연스러운 귀결이다. 열린 구조로서의 텍스트가 통일되거나 단일한 의미를 지니지 않고, 때론 모순적이기까지 한 다양하고 복잡한 의미들을 내재하고 있다는 것이다.

다의성으로 텍스트의 특징을 정의하면서, 피스크는 바흐친의 '축제적인 것(carnivalesque)'이라는 개념도 끌어온다. 중세 이래로 서구의 축제란 일시적인 공적인 관료세계를 벗어날 수 있게 해준다는 차원에서의 '긍정적인' 전환이다. 물론, 축제의 기능에 대해서는 다음과 같은 투로 비난할 수 있다. 예컨대 "사회 질서를 보호하기 위해 지배층이 묵인하는 일종의 기능주의적이고 의도된 파괴와 혼란"이라고 말이다. 그러나 축제라는 장에 대한 바흐친(Mikhail Bakhtin)의 유토피아적 표현에 대한 반박에 맞서 피스크는 다음과 같이 주장한다. "축제를 결과적으로는 사회적 통제를 더 효과적으로 수행하도록 해주는 안전장치로 평가 절하할 필요까지는 없다. 오히려 축제는 저렇듯 저항적이고 파괴적인 대중의 위력과 그 인내를 인정하는 한 방편으로 보아야 한다."[21]

축제에 대한 피스크의 단언에서 드러나듯이, 그는 대중문화의 지배 이데올로기적 작용을 수행하는 기제로 간주되기 일쑤인 현실도피를 오히려 대중적 저항의 한 요소(혹은 기초)로 보고 있다. 여기서 중요한 것은 현실도피가 아니라, 저항적 의미를 생산하는 기제로 대중문화를 바라보는 그의 (문화 연구자라면 새삼스러울 것도 없는 인식)이다.

3. 통제와 틈입의 접경: 〈나는 가수다〉의 자리

이제 우리가 분석하고자 한 당초의 목표인 <나가수>[22]에 대해 살펴보자. 나가수는 지난 2011년 3월 6일 민영방송사 MBC에서 첫 전파를 탔다. 사전에 공지된 대로, 실력 있는 현역 (중견) 가수 7명이 한 자리에서 노래 대결을 펼치는 이 프로그램의 컨셉은 오디션과 리얼리티, 서바이벌이라는 코드에 좌우되던 한국 방송계에 신선한 바람을 몰고 왔다.

<나가수>는 무엇 때문에 그토록 논란과 화제의 중심에 있는가? 본고에서는 현재까지 방송되고 있는 이 프로그램의 짧은 역사 중 특히 큰 물의를 빚었던 두 가지 사건과 더불어 <나가수>의 텍스트 구조를 살펴봄으로써 은연중에 드러나는 지배 이데올로기가 수용자인 대중과 어떻게 마찰을 빚는지 그 궤적을 추적하고자 한다.

첫 번째 문제는 3주차 방영분이 방송된 3월 20일 이후에 불거졌다. 첫 번째 탈락자로 선정된 가수 김건모가 재도전을 천명한 것이다. 이는 사전에 공지된 "탈락자는 프로그램을 떠나야 한다"는 규정을 명백하게 위반한 것이다. 그러나 이 사건은 전반적으로 김건모 만이 아닌, 프로그램 제작자의 수장인 프로듀서와 출연진 거의 전원에게 비난이 고루 분산되는 초유의 사태를 빚었다. 특히 앞장서서 김건모 재도전을 청원했던 방송인 김제동이 심한 항의를 받았다. 불과 이틀의 진통을 겪은 후, 문화방송(MBC) 측은 전격적인 피디 경질을 선언했다.

이 사건에 대한 한 누리꾼의 방청기를 살펴보자.

> 7위는… 김건모. 순간 분위기가 얼어붙었죠. 갑자기 이소라 씨가 엉엉 울며 촬영을 거부하고, 백지영 씨도 엉엉 울며 자기가 좋

아하는 가수가 탈락하는 건 아니라면서 되도 않는 억지 논리시작. 이때 제일 문제가 된 게 김제동씨가 갑자기 나서서 7위한 건모 형에게 재도전 기회를 줘야 한다면서 말도 안 되는 제안 시작. 여기에 흔들린 피디. 줏대 없이 그냥 바로 김건모에게 재도전 기회 부여;; 결국 다시 녹화가 진행되었습니다. 3회가 끝나고 시청자들의 비난이 폭주!! 시청자 게시판이 피디에 대한 욕으로 도배되기 시작. 서바이벌의 룰을 어기고 맘대로 재도전 기회를 준 피디에게 엄청난 욕들이 쏟아지기 시작했습니다. 저도 최근 2~3일간 시청자 게시판을 유심히 봤는데; 진짜 엄청났음; 하루 동안 거의 100페이지 넘게 글이 올라옴;; 그 대부분 글이 피디를 경질시키라는 글. 시청자 게시판 분위기 졸라 살벌했음; 피디를 죽일듯한 기세… 피디는 몇 일 동안은 이리저리 핑계대면서 버텼음. 근데… 결국엔 방송국에서 피디를 먼저 짤라버렸네요 ㅋㅋ; 자기가 사퇴했으면 모양새가 깔끔했을 텐데… 저는 잘했다고 생각합니다. 시청자와의 약속을 어기고 멋대로 재도전 기회를 준 피디. 피디의 잘못된 선택으로 프로그램에 대한 신회도가 바닥으로 추락했기에, 어쩔 수 없는 경질 조치였다고 생각합니다. 누군가는 책임을 져야 함. 근데… 정말 이번처럼 시청자들이 단결된 모습으로 피디경질운동을 벌이는 건 처음보네요. […] 피디가 정말 마음에 안 들었던 게… 인터뷰에서는 오히려 시청자들한테 잘못을 뒤집어씌우는 발언을 하고 자신의 잘못을 전혀 인정을 안했다는 것. 요리조리 핑계대면서 버티더니 꼴좋네요.[23]

비록 프로듀서 교체라는 파격적인 대응을 통해 여론의 일부를 선회하는데 성공하긴 하였으나,[24] 이 사건은 한국 대중이 간절히 소구하는 가치가 무엇인지 명백히 드러낸다. 즉, '공정성' 또는 '정의'이다. 수많은 공약(公約)을 공약(空約)으로 만든 현 정부에 대한, 아니 그보다는 누대에 걸쳐 쌓인 공권력에 대한 불만과 불신의 응집된 형태라 해도 좋을 것이다. 상기한 방청기를 통해 알 수 있듯이, 제작진이 스스로 원칙을 뒤집고 그에 대해 시도한 변명은 유사 이래의 지배계급, 특히 오늘날의 사회지도층 인사들이 쓰는 상투수법과 매우 닮아 있다. 이것이 <나가수>라는 프로그램이 내세우는 문법이라면, <나는 가수다>라는 진술은 단순히 대중예술가를 지칭하는 것으로 인지될 수 없다. 그러므로 이 사건에 대한 대중의 반발은, 그야말로 <나가수>에서 일정한 지배 이데올로기를 발견하여 그 허점을 '파고든' 사례라 할 수 있을 것이다.(그러한 차원에서 이 글의 제목에도 들어 있는 '틈입'은 의미를 갖는다.)

두 번째 문제 역시 첫 번째 문제와 다소 유사한 맥락에서 파악할 수 있다. 즉 제작진이 논란을 자초하였다. 전임 김영희 프로듀서를 대신하여 나가수에 투입된 신정수 프로듀서가 문화방송 라디오 프로그램인 <김어준의 색다른 상담소>의 동년 5월 24일 방송에 출연하여 나눈 대담이 문제가 되었다.

다음은 대담 중 문제가 된 부분을 인용한 것이다.

> 김어준: 아이돌 가수한테도 섭외를 하셨죠?
>
> 신정수: 기존 가수들 YB, 김범수, 이소라, 박정현 같은 출중한 가수들은 죽어도 안 떨어질 것 같아요. 새로 들어오는 가수들만 떨어질 거라는 우려가 있어요. 그래서 일정 정도 시간이 지나면 모든 멤버를 한꺼번에 엎고 시즌2나 시즌3로 갈 때는 아이돌 가수 중에서 노래 잘하는 가수들로 컨택을 할 겁니다. <나는 가수다>

는 서바이벌이고 순위 매김이 싫은 가수들이 있을 겁니다. <나는 가수다>의 가치관에 동의를 할 때에만 섭외를 하고 있습니다.

이는 제작진 스스로 기획 의도를 뒤집는 발언이었다. 그간 수차례에 걸친 인터뷰를 통해 아이돌 가수 중심으로 재편된 현 가요계의 풍토와 달리 다양한 음악을 시청자들에게 제공하고 싶다던 제작진의 언사를 허사로 만든 셈이었다.

이에 대한 대중의 반응은 냉소를 넘어 경악에 가까웠다.

신피디 왜 김영희 피디가 김건모 재도전으로 그렇게 됐는지 정말 모르냐? 아이돌? 아이돌? 김경호 나오고 싶다잖냐. 이승철도 나올려고 하고. 그리고 아직 우리에게는 알려지지 않은 제2 제3의 임재범들이 너무 많다. 이런 레전드를 불러야지 뭐 아이돌? 신피디 이러다가 댁두 훅 간다. 제발 정신 차려라. 하기 싫으면 차라리 때려쳐라. 이건 프로와 가수 연출진 국민에 대한 모욕이다.[25]

사태가 김건모 씨 재도전 때보다 더 심각한 거 같습니다. 그때 당시 김건모 씨 탈락일 때 김연우 씨 미리 와서 대기하고 있었지요? 그런데도 김연우 씨에 대한 배려는 하나도 없이 그대로 김건모 재도전으로 갔었고.. 격분한 시청자들,,논란이 점점 더 크게 불거지니 결국 김건모 님 자진하차에 김영희 PD님까지 책임지고 하차한 거 아닌가요? 그런데 지금 상황은 그 당시 보다 오히려 더 분란이 큰 거 같습니다. 왜 책임지는 분이 없으신지요? 신PD 님은 하차할 의향이 전혀 없으신가요?[26]

<나가수>가 받아 왔던 과분할 정도의 관심은 상업주의적 대중문화의 첨병이라 할 수 있는 아이돌 가수들의 댄스 음악이 아닌, 다소 잊혀져 있지만 그 실력이 출중한 중견 가수들에 대한 재조명을 가능케 하는 당초의 기획 취지에 있다. 그것이 대중의 공감을 샀기에 이 프로그램은 그토록 짧은 시간 내에 초미의 관심사가 된 것이다.

여기서 제기할 수 있는 반론은, 신정수 프로듀서가 아이돌 가수를 기용한다고 했지, 댄스 음악을 보여준다고 하지는 않았다는 것이다. 즉, 그의 발언을 선의로 해석하자면 더욱 다양한 가수를 통해 감동을 선사하겠다는 것으로 볼 수도 있다. 그러나 이 또한 앞서의 사례와 같이 지나치게 급작스럽고 돌발적이었다. 프로그램의 포맷과 취지에 익숙해진 대중에게 이 같은 발언은 따라가기 어려운, 독선으로 비춰졌다고 해도 과언이 아니다. 목적이 수단을 정당화한다고 믿는 마키아벨리스트가 아니라면, 그 같은 아집을 반길 사람은 그리 많지 않다. 신정수 피디의 발언은 원리적으로 그와 같은 맥락을 갖고 있었다고 볼 수 있다.

이 두 가지 사례는 단순한 해프닝에 불과할까? 실제로 이 두 가지 사건 이후 제작진의 처신을 보면, 틈입의 빌미를 제공하지 않기 위해 최대한 몸을 사리는 듯하다. 교체 투입된 가수 JK김동욱의 자진사퇴와 관련된 제작진의 해명은 이를 잘 드러내고 있다.

그러나 <나가수>는 보다 본질적인 문제를 안고 있는 듯 보인다. 마지막으로 살펴볼 것은 다름 아닌 프로그램 자체의 포맷이다.

<나가수>의 위상은 아직까지 견고하게 유지되고 있다. 제반 상황도 <나가수>에게 유리하게 작용하고 있다. 서바이벌이라는 제도를 통해 정기적으로 유입되는, 또 유입을 기다리는 중견 가수들이 바닥나지 않는 이상에는 말이다. 텔레비전 출연이 뜸해 경제적 빈곤을 감

내해야 했다고 호소하는 실력 있는 중견 가수는 생각보다 많다. 그리고 가수가 경연에서 부른 노래를 음원으로 발매할 때, 약 15%의 지분을 갖도록 보장받는다는 점 역시 무시 못할 경제적 장점이다. 아무리 아이돌을 제외한 음악 시장이 총체적인 불황을 겪는 기형적 구조를 가진 우리나라라고는 하지만, <나가수>가 갖는 '화제성'으로 짭짤한 음원 수익이 보장된다는 사실도 이미 밝혀졌기 때문이다. 그러나 <나가수>는 본질적으로 '오만'하다. "나는 가수다"라는 선언에는 진짜 가수와 가짜 가수라는 이분법이 숨어 있다.

예술에 등급이 있는가? 우리는 고급/저급이라는 지겨운 흑백논리에 경도되어 대중문화를 멸시했던 리비스의 오만을 알고 있다. 그럼에도 극적 긴장을 유도하기 위한 서바이벌이라는 장치와 맞물릴 때, 이 한물간 견해는 다시금 슬며시 솟아오른다. 물론 나가수가 견지하는 바가 무엇인지는 두말할 필요도 없다.[27] 이는 연출로도 간접적으로 입증된다. 실제로 "텔레비전 프로그램이 '개인적인 영화'의 형태가 아니라 철저한 시각적 관심을 요구하지만 라디오의 모델을 지닌 '영상을 가미한 라디오'로서 〔…〕 이야기는 주로 사운드트랙으로 전달되었고 시각 정보들은 여기에 종속되는 '본보기' 역할을 수행했다"[28]는 경향을 소개한 몰리의 연구를 상기해보자. 텔레비전은 본질적으로 권위적인 매체라 할 수 없다. 구어적이기 때문이다. 이것은 일하는, 혹은 소파에 누워 있는 시청자가 힐끔거리거나 혹은 반쯤 잠에 취해 눈을 감고들을 수 있는 미디어임을 상기하자. 그럼에도 <나가수>는 그 같은 '태만'을 몰아내기 위해 지속적으로 노력한다. 즉 노래 부르는 가수의 얼굴을 클로즈업하고, 감정을 잡기 위해 찡그리는 표정, 몰입에서 우러나오는 제스처, 남모르게 닦는 땀과 눈물에 이르기까지 무대에 선 가수의 세세한 동작을 최대한 집요하게 묘사한다. 카메라는 또한 눈물 짓는 객석을 비중 있게 비추며, 한 명의 가수가 노래를 마칠 때마다 대기실과 청중에서 터져 나오는 열광적인 반응을 반복해서 보여준다. 이러한 <나가수>의 프로그램 구조는 일종의 경건함과 엄숙주의가 뒤섞인 채 시청자에게 감동을 제공하는 차원을 넘어 감동을 떠안기기 위해 안간힘을 쓰는 것처럼 보일 수도 있다. 즉, 예능 프로그램으로서 본연의 지위를 넘어, 일종의 새로운 문화적 권위로 화하고 있는 것이다. 그리고 이러한 '감동의 과잉', 혹은 '강요된 감동'은 본질적으로 수용자가 아닌 감동의 제공자에게 힘을 실어 준다. 지배 이데올로기는 재 강화되는 것처럼 보인다.

한편, 이는 생방송으로 진행되면서 일반 시청자의 의사를 반영하기 위해 노력했던 (설령 ARS 문자 투표에 붙는 정보이용료가 방송사에 경제적 이익을 돌려줄지라도) <서바이벌 스타오디션: 위대한 탄생>보다 폐쇄적인 <나가수>의 닫힌 구조를 여실히 드러낸다. 따라서 보안을 유지하기 위해서라는 이유로 굳게 닫히는 공연장 문 너머 대신, 대중이 '틈입'할 수 있는 것은 구전적인 구조를 가진 무대 밖 인터넷이며, 그것이 <나가수>가 내주 방송분의 순위 결과를 놓고 필요 이상의 루머와 소음에 시달리는 이유이다. 즉, 자초한 것이다. 그리고 이는 프로그램으로서 <나가수>의 생명력이 결코 길 수 없다는 불길한 예견을 발생시키는 단초가 된다. 실제로 2011년 7월 현재 <나가수>의 시청률은 초기의 '폭발적인' 반응과 달리 어느 정도 답보 상태이고, 프로그램에 "질렸다"는 반응 역시 서서히 대두되고 있기 때문이다.[29] 그러나 이는 <나가수>에 얽힌 정황을 온전히 설명해주지 못하는, 반쯤 옳은 진술이다. 이 프로그램이 아직까지 누리고 있는 상당한 수준의 인기와 호응은 또한 어떻게 설명할 것인가? <나는 가수다>의 조사 '은/는'이 갖는 배타성, 즉'너'와 '나'의 구별에도 아랑곳 않고, 이 프로그램을 즐기는 많은 팬들을 목도하면서 우리의 논의를 마쳐도 좋은 것인가?

4. 피스크에 대한 반론과 그를 위한 변명

이쯤에서 피스크의 이론에 대한 반론을 소개하는 것이 유익할 것이다. 다만 이 글의 논지 상 그 주장들을 일일이 열거하는 것은 불필요한 소모라 판단하는 바, 여기서는 그 대표주자라 할 수 있는 일부의 주장을 간략히 살펴보는 선에서 머무르도록 하겠다.

> 피스크에게 있어서 문화 연구는 문화 민주주의를 이해하고 독려하려는 목적을 지니고 있다. (…)그러나 피스크의 텍스트에서 '대중'은 특성 — 읽기를 '타협하고' 새로운 해석들을 낳으며, 문화의 자료를 다시 만드는 불굴의 능력을 제외하고 — 들을 규정(정의)할 필요성을 지니고 있지 않다. (…) 일단 '대중'이 텍스트에 대한 권위의 원천이며 자기 자신의 비판적 행위의 형상이기만 하면, 대중주의적 기획은 순환적인 것이 되는 동시에, 구조에 있어서 자기도취적이게 된다.(강조는 인용자)[30]

> 신수정주의가 끊임없이 주장하면서 정교하게 구축한 이론에 따른다면, 보통사람들은 의미 있는 행위를 위해 현재 상황에서 사용 가능한 상징적 자원을 쓴다는 것이다. (…) 경제적 착취, 인종문제, 성차별과 억압 등이 존재하는 것은 사실이지만, 피착취자, 소외집단, 억압된 자들은 이에 충분히 대처하고 있으며, 더구

나 존 피스크나 폴 윌리스(Paul Willis)의 주장에 따른다면, 그들은 세상에 대해 그들 나름의 감각과 생각을 갖고, 주어진 것에서 많은 즐거움을 취하며 아주 잘 꾸려나간다는 것이다.(강조는 인용자) (…) 한때 대중문화 비판자들에게 매혹적이었던 더 나은 세계에 대한 유토피아적 약속이 그 신뢰성을 송두리째 잃어버린 것이 명백하다.[31]

첫 번째 인용문은 문화연구의 주요한 연구자 중 한 명으로 평가받는 미간 모리스(Meaghan Morris)가 쓴 논문, 「문화연구에서의 진부함」에서 피스크를 완곡하게, 그러나 분명하게 비판하는 부분이다. 그리고 두 번째 인용문은 짐 맥기건(Jim McGuigan)이 자신의 저서 『문화적 포퓰리즘(Cultural Populism)』에서 오늘날의 문화연구가 신수정주의[32]로 통칭되는 심각한 패러다임의 위기에 처해있고, 그 혐의는 피스크에게 있다는 아주 노골적이고 반복적인 비난의 극히 일부를 발췌한 것이다.

두 인용문에서 강조된 문장들은 피스크에 대한 일부 연구자들의 비판의 강도를 잘 보여준다. 이러한 비난의 합창은 "『텔레비전 문화』와 같은 책을 보면, 시청 경험에서 '속박'과 '저항' 사이의 복합적 관계들은 행복할 정도로 단순하게 표현되고, 수용자는 방송 텍스트를 통제하는 것으로 드러난다"[33]고 본 문화연구자 프란시스 물런(Francis Mulhern)과 같은 지지자들에 의해 보강된다. 요컨대 수용자로서 대중의 능동성을 강조하는 피스크의 이론이 기실 대중의 해석만을 우선시하고 항상 진보적이며 참이라고 간주하여, 대중문화를 무비판적으로 예찬하고 있다는 것이다. 이러한 견해는 상당히 견고하게 구축되어 피스크를 평가 절하하는데 동원되고 있다.

이 쯤에서 <나가수>로 돌아가 보자. 두 비판자의 견해에 비추어 볼 때, 진지하고 온전하게 이 프로그램을 즐기는 사람들에게서 우리는 어떠한 '요소'를 추출할 수 있을까? 매 회마다 초청되는 500명의 청중 평가단이 받는 대우와 역할을 고려해보면 이러한 의문의 본의는 어림 진작할 수 있을 것이다. 눈물짓고 벌린 입을 다물지 못한 채 최대한 마음에 드는 가수를 가리기 위해 고심하다가, 결과는 보지도 못하고 무대 밖으로 몰려나는 평가단에게서 우리는 피동성과 더불어 제작진이 던져준 룰 속에서 허우적대는 '꼴사나운' 대중을 그리게 된다. 그런데, 이 같은 판단이 진정 옳은 것인가?

스토리는 피스크가 이를 부정한다고 밝히면서 다음과 같이 소개한다.

> 그러나 피스크는 대중문화에 대한 자신의 입장을 '신수정주의'라고 한 것은 정확한 표현이 아니라고 주장한다. 또한 그는 〔…〕 "자본주의 문화산업은 다양한 것을 생산해내지만 한결같이 자본주의 이념을 지향하기 때문에 다양성이라는 것도 결국 허구"라는 견해를 거부한다. 또한 "'인민은' 문화적으로 '중독되어' 있으며 …… 따라서 문화산업 생산자들의 경제, 문화, 정치적 자비에 의존할 수밖에 없는 수동적이고 분별없는 구제 불능의 대중"이라는 견해도 인정하지 않는다. 그는 동시적인 두 가지 경제, 즉 재정적인 경제와 문화적인 경제에서 순환되는 상품들로 구성되는 것이 대중문화라고 주장한다. 〔…〕 재정적 경제가 주로 교환가치에만 관심을 두는 반면에, 문화적 경제는 "의미, 쾌락, 사회적 정체성과 같은" 사용가치에 초점을 맞춘다. 〔…〕 피스크는 "문화적 경제에서 '생산자로서의 시청자'의 힘은 상당히 크다"고 말한다.[34]

피스크가 팬덤에 대해 시도한 일련의 분석은 이를 보강해주고 있다. 그는 "대중문화는 문화 산업의 생산물로부터 대중에 의해 생산되기 때문에 수용이 아니라 생산의 측면에서 이해되어야 한다"[35]는 선언을 재차 천명한다. 대중문화란 단순히 제작자가 만들고 팬들이 단지 수동적으로 소비하는 데 그치는 것이 아님은 물론, 그들의 능동적인 재창조와 생산이 어우러질 때 비로소 완전하게 탄생하는 기제이다. 그리고 이를 뒷받침하는 생산성, 즉 기호학적 생산성, 언술행위적 생산성, 텍스트 생산성은 팬덤 문화가 어떠한 생산성을 갖는지 보여준다.[36] 결국 대중은 어떠한 방향으로든 '나름의 의미'를 만들어내는 것이다. 여기에서 당장 어떠한 저항적 의미 가 생산되느냐 만을 볼 필요는 없다. 오히려 이렇게 팬덤을 통해 형성되는 정체성과 생산적 토대의 기초가 저항적 전용(轉用) 가능성을 갖는 예비적 기제라 보는 것이 좋을 것 같다. 왜냐하면 팬덤이란 실로 많은 곡해와 오독을 겪지만 "부르주아 아비투스에서 특징적으로 나타나는 예술가와 텍스트에 대한 존경심이 없"[37]기 때문이다. 즉, 지배적인 공식 문화의 관행에서 매우 자유롭기 때문이다. 이는 대중이 갖는 힘이 그 불규칙성과 예측불가능성이라 보아도 무방할 것이다. 본고의 제목과 연관 지어 말하자면, 미디어의 '통제'에 맞서 언제든 '틈입'할 수 있는 것이다.

> (시청자들의 힘은) 재정적 경제에서의 부(富)의 순환과 똑같은 방식으로 문화적 경제에서 의미의 순환이 이루어지는 것이 아니라는 사실로부터 나온다. […] 또 문화적 경제에서 소비자의 역할은 경제교환 선상의 끝이 아니라는 것도 그 이유가 된다. 의미와 쾌락은 생산자와 소비자 사이의 뚜렷한 구분 없이 그 내부에서

순환한다.[38]

그러므로 <나가수>가 형성된 '팬덤'에 대한 성찰에서 무조건적인 대중 예찬의 혐의는 분명하게 구축(驅逐)되어야 한다.

한편, 존 스토리는 피스크가 부르디외(Pierre Bourdieu)가 정의한 '문화의 장(cultural field)'[39]개념에 대중문화를 위치시킨다고 지적한다. '문화의 장'이란 지배적 혹은 공식적 문화와 대중문화로 구분되며, 이는 다시 지배계급과 종속계급이라는 구분, 그리고 지배계급 내에서도 경제적 자본과 문화적 자본의 상대적 구분으로 세분화할 수 있다. 그리고 이는 경제적, 기술적 결정요인들에 의해 굳어지게 된다. 이는 매우 중요한 지적인데, 경제 권력보다 문화적인 권력을 행사하는 측은(<나가수>에 대입하자면 제작자 측은) "이러한 특별한 능력의 사회적 가치를 올리기 위해 문화의 장 안에서 그 희소가치를 높이려고 끊임없는 투쟁을 벌인다. 이들이 문화적 민주주의를 지향하는 집단에 항상 저항할 수밖에 없는 것은 바로 이런 이유 때문이다."[40] 그러므로 이 공식 안에서 반대편에 위치되는 대중이 이에 반하여 움직이는 것은 거의 필연적인 귀결이다.

마지막으로 대중에 대한 피스크의 입장을 재차 소개한다.

> 나는 대중문화를 투쟁의 장으로 보며, 지배세력의 권력을 인정하면서도 이 세력과 싸우고, 피하고, 저항하는 대중적 전략에 더 많은 관심을 쏟는다. 나는 합병의 과정만을 추적하는 것이 아니라, 그 합병의 노력을 있게끔 만드는 대중의 생동력과 창의력에 대해 관심을 쏟는다. 지배 이데올로기의 음흉한 행위에 집중하기보다는 그 이데올로기가 그토록 자체 유지를 위해 힘쓰도록 만

드는 일상의 저항과 탈출을 이해하려고 더 노력한다. 이런 접근은 대중문화를 잠재적으로, 또 실질적으로 진보적인(급진적이지는 아닐지라도) 것으로 본다. 그리고 사람들의 열정과 생명력에서 사회변화의 가능성뿐만 아니라 그것을 추구하려는 행동동기까지도 발견하기 때문에 기본적으로는 낙관적이기도 하다.[41]

5. 맺음말을 대신하여

<나가수>의 분석을 통해 이 글은 이 텔레비전 프로그램의 텍스트 구조에 내재된 지배 이데올로기가 수용자와 불협화음을 일으키는 이유를 나름대로 분석하고자 하였다. 이는 수용자에 대한 낙관적이고 장기적인 믿음에 기초한 작업이었다. 그리고 이는 매체의 증진으로 인한 소통 경로의 다변화라는 맥락에 놓여 있는 오늘날의 콘텐츠에서, 수용자가 과연 어떠한 역할을 수행해야 하는가라는 공시적 문제의식과 맞닿아 있다.

적극적인 저항정신의 담지자로, 또 능동적이고 주체적인 체제의 감시자로, 오늘날 대중의 역할은 전세기의 혁명가들 못지않게 깨어있도록 요청받고 있다. 이 글에서 사용한 '틈입'이라는 표현은 이를 응축하고자 한 선택이었다.

그러나 우리는 또한 대중의 몰지각성이 발현된 극단적 행태인 중우정치(衆愚政治)를 기억한다. 대중이 얼마든지 스스로의 목을 조를 수 있음을 보여주는 이 대표적인 정치현상(지난 대선에 대한 평가들을 한 예로 들 수 있을 것이다.)만 보더라도, 대중의 선택은 때로 이중적일 수도, 오류투성이일 수도 있다는 사실을 굳이 부인할 필요는 없을 것이다.

하지만 그렇다고 해서 대중에 대한 신뢰를 저버릴 것인가. 우리는 대중의 자정 능력과 반성 능력에 희망을 걸 수밖에 없다. 우리 또한 대중의 일원이기 때문이다. 저항의식을 유지하는 한, 언제나 사건으로부터 새로운 의미를 도출할 수 있는 한, 그 틈입의 순간을 포착할 수 있는 기개를 잃지 않는 한, 대중은 권력에 대한 준엄한 심판자로 기능할 수 있을 것이다. 그러자면 본 연구에서 살펴본 피스크와 같이, 우리는 대중에 대한 낙관적 믿음을 언제라도 잃지 말아야 할 것이다. 물론 "헤게모니 투쟁의 맥락에서 대중문화와 체계적 정치 사이 관계의 특수성을 언급할 수 없는 문화 연구의 무능력을 주목해야 된다"[42]고 주장한 맥기건의 주장은 거의 근본적인 지점으로 되돌아가 이 글서의 모든 논의를 무력화하기 위해 동원될 수 있을 것이다. 그러나 "보통사람들의 의무와 역사적 운명은 혁명이 성취된 후 영광의 아침에 맥기건과 같은 도덕적 좌익이 무엇을 즐겨야 하는지 가르쳐 줄 때까지 고통 받으며 조용히 기다려야 한다는 이야기처럼 들린다"[43]는 스토리의 신랄한 지적을 믿는다면, 맥기건에게서 드러나는 대중에 대한 불신은 우리가 이글의 서두에서 살펴본 대중을 바라보는 좌파적 불신의 또 다른 형태임을 어렴풋이나마 연관 지을 수 있을 것이다. 오늘날의 대중에게 더 이상의 계몽은 불요하기에. 그러나 이것이 대중이 항상 옳다는 의미는 아님을 분명히 강조하고자 한다. 다만 낙관적인 자세를 잃지 말자는 것이다.

주석

1 Ben Agger, 김혜식 옮김,『비판이론으로서의 문화연구』, 옥토, 1996, 17쪽.

2 신혜경,『벤야민&아도르노』, 김영사, 2009, 112쪽.

3 프롤레타리아 혁명의 당위성을 역설하고 대중의 역할과 각성을 촉구했던 '교조' 마르크스에 대한 일반의 믿음에 비추어 볼 때 상기한 진술은 이질적이다. 그러나 이는 "애석하게도 실제로는 대개 립 서비스(lip service) 수준을 넘지 못했다. 그것은 교육자/피교육자, 전위/대중이란 계몽주의적 이분법을 넘어서지 못하는 한, 그리하여 '당은 노동자계급의 가장 뛰어난 분자들의 집합"이며 "조직되지 않은 대중을 전위부대의 수준으로까지 끌어올리는' 임무를 갖기에 '노동자계급의 모든 조직을 당과 계급을 연결시키는 보조기관과 전달벨트로 변형시키는' (Stalin, "Foundations of Leninism", *Problems of Leninism*, Peking, 1976, 99~107쪽.) 것이 당연시되는 한, 대중이란 '우월한' 전위의 지도와 통제에 따라야 하는 존재며, 대중조직은 그 지도를 전달해 대중을 '끌어올리는' 전달벨트일 뿐이기 때문이다. 즉 통제/통치의 문제설정에서 벗어나지 못하는 한 대중에게 부여하는 어떠한 무게도 사실은 '참을 수 없는 존재의 가벼움'에 불과할 뿐이다." (이진경,「로자 룩셈부르크의 '탈근대적 Ex-modern' 정치철학」,『문화과학』 제7호, 문화과학사, 1995, 203쪽 참조.)

4 John Fiske,「영국 문화 연구와 텔레비전」, John Storey 엮음, 백선기 옮김,『문화 연구란 무엇인가』, 커뮤니케이션북스, 2006, 252 · 268쪽.

5 물론 이는 여타의 텔레비전 프로그램에도 얼마든지 해당될 수 있다. 다만 그 생성되는 담론의 폭과 파장을 두고 볼 때 가장 '핫'한 콘텐츠라 사료되

는 <나가수>를 들여다보자는 것이다.

6 John Fiske, 강태완·김선남 옮김, 『문화커뮤니케이션론』, 한뜻, 1997, 268쪽.

7 Theodor W. & Adorno·Max Horkheimer, 김유동 옮김, 『계몽의 변증법』, 문학과지성사, 2001, 79쪽 참조.

8 이용과 충족 이론에 대해 강준만은 다음과 같이 설명하고 있다. 이는 "기능주의의 대표적 이론으로, '대중매체가 사람들에게 무엇을 하고 있느냐?(What does the media do to people?)' 대신에 '사람들이 대중매체를 가지고 무엇을 하느냐?(What do people do with the media?)'하는 입장에서 연구를 하려는 접근방법이다. 즉, 인간이 대중매체 내용을 어떻게 이용하며 또 그러한 이용으로부터 어떤 충족을 얻고 있는가를 연구하는 것이다." (강준만, 『대중매체 이론과 사상』, 개마고원, 2009, 59~61쪽.) 그러나 수용자의 능동성과 목적 지향성을 강조한 이 이론의 기본 가정은 매체를 둘러싼 권력과 자본의 정당화에 동원 내지 오용될 수 있다는 점에서 비판의 소지를 남기고 있다는 것이다.

9 "구조주의 문화이론에서 말하는 수용이론(reception theory)이란 용어는 통상적으로 그 강조점이 사회적으로 결정된 의미의 문제가 아니라, 텍스트에 의해서 결정된 의미의 문제에 맞춰질 때 사용된다. 따라서 수용자는 텍스트의 수인(囚人)이 되고, 텍스트의 기저에 존재하는 지배 이데올로기적 구조의 부산물로 여겨진다." 강만석, 『의미-재미-권력의 관계를 통해 본 신수용자론 연구』, 성균관대 박사학위논문, 1994, 40쪽.

10 John Storey, 박만준 옮김, 『문화연구의 이론과 방법들』, 경문사, 2002, 16쪽.

11 John Storey, 박만준 옮김, 위의 책, 20쪽.

12 Chris Barker, 이경숙·정영희 옮김, 『문화연구사전』, 커뮤니케이션북스, 2009, 112쪽.

13 하나의 텍스트 혹은 메시지가 복수의 의미를 전달하고 다양한 방식으로 해석될 수 있으나, 보통은 그 가운데 하나의 해독이 선호된다는 것을 의미하는 개념이다. 즉 다의적 의미 모두가 동등하지 않고, 텍스트가 지배를 위해 구조화되는 가운데 수용자인 우리를 안내(또는 호도)하는 의미이다. 따라서 선호된 해독은 그러한 의미에 대한 해독이다.

14 지배적 해독은 텍스트의 '선호된 의미'를 수용한다. 협상적 해독은 추상적으로 '선호된 의미'의 정당성을 인정하지만, 특정한 상황에서 자신의 고유한 규칙을 수립하고 그 의미를 수정한다. 마지막으로 대항적 해독은 사람들이 비록 선호된 해독을 이해할지라도, 그것을 거부하고 반대되는 방식으로 해독한다는 것이다. Chris Barker, 이경숙·정영희 옮김, 159쪽 참조.

15 몰리가 이 같은 결론에 도달한 것은 개인의 사고와 행위가 사회적 지위에 의해 좌우 내지 결정된다는 사회학주의의 오류를 밝히기 위함이었다. 몰리는 "간단히 말해서 우리는 수용자 내부에 존재하는 상이한 하위 문화적 구조와 구성체, 그리고 상이한 집단들과 계급들이 개별적으로 공유하는 상이한 문화적 코드와 문화적 능력이 구체적인 커뮤니케이션 과정의 맥락 속에서 메시지의 해독을 구조화하는 방식을 이해할 필요가 있다고 (몰리는) 주장한다"는 것이다. (강만석, 위의 논문, 42~43쪽.) 한편, 이러한 그의 사유는 본문에 기술한 바와 같이 수용자의 능동성을 강조하는 피스크가 고유 또는 맥락적 문화성을 고려하는 한 반성적 토대로 작용했다고 감히 추측해본다.

16 신현신, 「대중문화와 능동적 수용자」, 『논문집』 제22호, 경기전문대학, 1994, 358쪽.

17 John Fiske, *Television Culture*, London and New York: Routledge, 1987, 62쪽; 강만석, 위의 논문, 45쪽 재인용.

18 John Fiske·John Hartley, 이익성·이은호 옮김, 『TV읽기』, 현대미학사, 1997, 125쪽.

19 John Fiske·John Hartley, 이익성·이은호 옮김, 137~138쪽 참조.

20 John Fiske, "Critical Response: Meaning Moments," *Critical Studies in Communication*, vol.6, 1988, 248쪽; 강만석, 위의 논문, 47쪽 재인용.

21 John Fiske, 위의 논문, 249쪽; John Storey, 박만준 옮김, 『대중문화와 문화연구』, 경문사, 2002, 155쪽 재인용.

22 이 코너를 방영하는 포맷인 <일밤>의 홈페이지의 프로그램 소개란은 <나가수>를 다음과 같이 설명하고 있다. "아이돌 그룹들과 댄스음악으로 편향된 방송 가요계에 다양한 음악이 공존하는 무대! 진짜 가수들이 설 수 있는 무대를 만든다! 우열을 가릴 수 없을 만큼 엄청난 가창력을 소유한 레전드급 가수들의 극한 서바이벌! /한 사람은 탈락해야 한다!!!!/ 대한민국 최고 가수들의 노래 대결이라는 새로운 포맷으로 흥미를 주고, 가수들의 진지한 음악관과 개그맨들의 엉뚱함을 믹스해 재미를 더하고, 가창력 있는 가수들의 심금을 울리는 노래로 감동을 전한다."(밑줄 강조는 원문). http://www.imbc.com/broad/tv/ent/sundaynight/iamsinger/program/index.html 검색일: 2011. 6.24.

23 네이버 블로그, <보람짱의 여자가요계리뷰>. http://blog.naver.com/suar2003?Redirect=Log&logNo=100124537784 검색일: 2011.6.24.

24 이는 얼핏 한국 대중을 냄비에 비유한 저 진부한 선입관을 연상케 한다. 그러나 그보다는 '인정'이라는 한국 사회에 만연한 유교적 기제의 특성으로 돌리는 것이 보다 합당할 것이다.

25 작성자: 이승주[aispk] 작성일 : 2011.05.25 00:44 <나가수> 시청자 의견 게시판

26 작성자: 김미숙[hapysook] 작성일 : 2011.05.27 10:16 <나가수> 시청자 의견 게시판

27 <나가수>를 이끌어 나가고 있는 신정수 피디가 지난 2010년 추석 동사의 예능 프로그램 <놀러와>의 '세시봉 특집'편의 연출을 맡았던 사실은 시사하는 바가 적지 않다. 원래 <놀러와>는 연예인을 초빙하여 그들의 신변잡

기를 마치 친구 집에 온 듯 부담 없는 상황에서 전해 듣는 컨셉을 갖고 있었다. 그러나 '세시봉 특집'은 과거 명동에 위치했던 '음악다방' 세시봉에서 만나 각자가 대중가수로 활약한 바 있는 가수 조영남, 송창식, 윤형주, 김세환의 협연을 골자로 하여 시청자들에게 상당한 반향을 불러일으켰다. 여기서도 표면적인 전략은 흘러간 추억에 대한 향수였지만, 그 향수란 요즈음의 '실력 없는' 아이돌이 아닌, 비록 나이 들었으나 실력 있는 '진짜 가수'에 대한 그리움으로 비화되었다.

28 David Morley, 「텔레비전: 시각 매체가 아닌 시각 대상」; Chris Jenks 엮음, 이호준 옮김, 『시각문화』, 예영커뮤니케이션, 2004, 285쪽.

29 2011년 7월 26일 <나가수> 제작진은 이른바 '명예졸업'제도를 도입하여, 연속 7번 생존한 가수가 명예롭게 프로그램에서 떠날 수 있도록 규정을 개정한다고 밝혔다. 이는 '원년멤버'인 김범수, 박정현, 윤도현 3인을 새로운 가수로 '물갈이'하여 매너리즘에 빠졌다고 평가받는 이 프로그램에 다시금 활기를 불어넣기 위한 특단의 조치로 풀이할 수 있다. 그러나 이 역시 사전에 별다른 공지가 없이 갑작스레 발표된 것으로, 그간 <나가수>가 자초한 논란과 맥을 같이 하고 있다. 제작진 스스로도 절차상의 아쉬움을 표출하고는 있지만, 이 같은 급작스러운 룰의 변경은 시청자를 무시하는 행위로 비춰지기에 충분한 것이다.

30 Meaghan Morris, 「문화 연구에서의 진부함」, John Storey 엮음, 백선기 옮김, 위의 책, 326~328쪽.

31 Jim McGuigan, *Cultural Populism*, London: Routledge, 1992, 171쪽; John Storey, 박만준 옮김, 위의 책, 248쪽 재인용.

32 "신수정주의는 문화연구를 소비의 해석모델로만 보려는 경향으로서, 문화연구 발전에 있어서 가장 최근의 것이며 주로 쾌락, 권력, 부여, 저항, 대중적 차별 등을 주제로 삼고 있다. 그러므로 이는 '비판적 입장으로부터의 후퇴'를 대표한다고 할 수 있다." John Storey, 박만준 옮김, 위의 책, 250쪽.

33 Francis Mulhern, 임병권 옮김, 『문화/메타문화』, 한나래, 2003, 222쪽.

34 John Storey, 박만준 옮김, 위의 책, 2002, 250~251쪽.

35 John Fiske, 「팬덤의 문화경제학」; 박명진 엮음, 『문화 일상 대중』, 한나래, 2007, 195쪽.

36 기호학적 생산성은 팬들의 사회적 정체성과 사회적 체험을 통해 팬덤이 문화 상품의 의미를 새롭게 구성한다는 개념이다. 언술 행위적 생산성은 전자에서 구성된 의미를 구전을 통해 공유하는 공동체를 구성하고 보존한다는 개념이다. 마지막으로 텍스트 생산성은 팬들이 문화상품의 구매와 수용으로부터 스스로 문화적 의미를 담는 텍스트를 창조해낸다는 것이다. 그리고 이를 통해 "피스크는 팬이 팬덤의 안과 바깥 사이의 경계를 분명히 하면서 사회적/대중적 차별, 미학적 차별을 행하는데, 이에 의해 그려지는 팬 공동체와 그 밖의 세상 사이의 경계선이 팬덤의 정체성과 큰 관련이 있다고 주장한다." 홍유리, 『라디오 인터넷 융합과 능동적 수용자 연구』, 연세대 석사학위논문, 2004, 29쪽.

37 John Fiske, 위의 글, 199쪽.

38 John Fiske, 위의 글, 313쪽; John Storey, 박만준 옮김, 위의 책, 251쪽 재인용.

39 '문화의 장'은 부르디외의 장(champ) 이론에서 파생된 것이다. 여기서 장은 경제적 자본(물질적 기술, 부), 문화적 자본(지식, 지적 기술), 상징적 자본(위세와 명예)라는 상이한 자본형식의 소유를 통해 행위자가 차지하는 객관적인 위치들의 네트워크를 의미한다. 부르디외는 사회적 맥락을 별개의 장들로 분화된 다차원적 공간으로 정의한다. Alan Swingewood, 박형신·김민규 옮김, 『문화사회학 이론을 향하여』, 한울, 2004, 159~160쪽 참조.

40 John Storey, 박만준 옮김, 위의 책, 253쪽.

41 John Fiske, *Understanding Popular Culture*, London: Urwin Hyman,

1989, 20~21쪽; John Storey, 박만준 옮김, 위의 책, 252쪽 재인용.

42 McGuigan, J., Cultural Populism, London: Routledge, 1992, 214쪽; Francis Mulhern, 임병권 옮김, 위의 책, 235쪽, 재인용.

43 John Storey, 박만준 옮김, 248~249쪽.

4

읽기/쓰기 문화의 변천과 디지털 콘텐츠

: 바흐친의 '일상생활의 산문'을 중심으로

문화연구와
문화콘텐츠

4

읽기/쓰기 문화의 변천과 디지털 콘텐츠
: 바흐친의 '일상생활의 산문'을 중심으로

구모니카

1. 들어가며: 읽기/쓰기 문화는 어떻게 변화해왔는가?

디지털미디어 환경 아래 우리는 다양한 '위기론'을 접하고 있다. 특히 읽기/쓰기 문화의 위기, 책의 위기, 독서의 위기, 기성 언론과 기성 작가의 위기 등이 그것이다. 2010년 조선일보는 대대적으로 읽기/쓰기 문화의 위기에 대해 보도한 바 있다.[1] 어린이와 청소년을 '활자이탈세대'로 명명하고 글쓰기와 독해능력의 저하가 창조력과 사고능력에 부정적인 영향을 초래한다는 기사는 이른바 '활자이탈현상'으로 인해 사고력 저하와 언어발달의 지체가 일어나며, 이로 인해 '지능적 문맹'이 양산된다는 것이다. 해당 기사는 "어린 시절의 독서 습관은 한 나라의 경쟁력과 직결되며 핀란드가 강소국(强小國)이 된 이유는 특유의 독서·읽기 문화 때문"이라는 요지의 결론을 내린다.

여러 인문 및 미디어 학자들은 다양한 연구보고를 통해 테크놀로지 자체를 주변화하고, 정보기술의 발전이 인간의 인지능력을 퇴화시킨다고 주장하며, 기술이 인간 사고의 습관과 의식을 결정한다는

'기술결정론'이라는 부정적 개념을 사용해왔다. 이러한 경향에 대해 뉴미디어 학자인 조지 란도(George P. Lando)는 인문주의적 테크노포비아(technophobia: 최신 테크놀로지에 대한 병적인 공포심)를 의심해 봐야한다고 경고한 바 있다. 또한 빌렘 플루서(Vilem Flusser)는 "읽기의 위기로부터 완전히 다른 읽기 방식을 도출함으로써 미래에도 계속 읽는 것이 가능하다"[2]며 혁명적 변화를 겪고 있는 읽기 방식을 다른 차원에서 수용할 것을 강조하기도 했다.

다른 한편으로 우리는 다양한 '기회론' 역시 접하고 있다. 개방과 참여, 공유의 웹2.0 패러다임으로 인한 일반인의 쓰기 혁명, 창작 혁명 등 이제야말로 진정한 대화와 소통의 기회를 확보하게 되었다는 것이다. 많은 이들은 또한 하이퍼미디어의 링크 기능을 통해 읽기/쓰기의 문화적 혁명이 일어나고 있으며 이는 저자-독자 관계의 민주화를 가져올 것이라 이야기하고 있으며, 이는 인류의 사고 체계 자체를 바꾸어 놓을 것이라고 호언장담하고 있다. 이처럼 우리는 전통적인 읽기/쓰기 문화의 권위에 의존하는 이론과 그러한 전통에 반기를 들고 그것의 해체를 주장한 다양한 이론을 접하고 있다. 입장이 어쨌든 대부분의 학자들은 위의 두 견해를 반박하거나 긍정하거나 자신의 논리에 대입하여 재구성하는 식으로 빚을 지고 있다. 그들 모두가 현재를 구성하는 주류 문화가 디지털 테크놀로지라는 데에는 동의하고 있는 것 같지만, 누구도 이를 설득력 있게 규정하지는 못하고 있는 상황이다.

물론 디지털 읽기/쓰기 현상이 갖게 되는 명백한 수준의 부정적 측면, 이를테면 콘텐츠 생산자와 콘텐츠의 질적 수준, 신뢰의 문제 등에 대해서는 반드시 후속 연구가 이어져야 할 것이지만, 과연 무엇이 위기이고 무엇이 기회인가에 대해 우리는 고민하지 않을 수 없다. 유사

이래 인류가 위기에서 기회를 발견해왔다고는 하지만 '위기'가 유행병처럼 퍼지는 요즘의 상황은 어떻게 해석해야 하는가. 과거 "산문적 소설은 언어예술이 아니다"던 시학 만능의 시절처럼 독서·읽기 만능주의의 오류에 빠진 것은 아닐까. 혹시 대안 없이 "위기를 위한 위기"를 외치고 있는 것은 아닐까. '위기론'이 정당성을 확보하려면 디지털 테크놀로지가 갖는 부정적 속성에서 벗어나 "읽기와 쓰기는 무엇인지", "디지털이 무엇인지", "사회문화적 현상으로서 디지털 콘텐츠는 어떻게 평가되어야 하는지"를 객관적으로 살펴보고, 디지털 테크놀로지로 인해 변화되고 있는 인류의 의사소통 체계인 읽기/쓰기 문화가 어떠한 가치와 의미를 획득하는지, 디지털 콘텐츠 그 자체의 생태에 대한 명확한 인식이 필요한 시점이다.

우선 이 글은 디지털 텍스트를 총 세 가지 종류로 구분해 보고자 한다. 첫째는 디지털이라는 기술적인 도움을 받고 있으나 과거로부터 이어져온 (고급한, 정통의) 읽기/쓰기 현상, 둘째는 기성의 권위적 읽기/쓰기 방식과 궤를 같이 하고 있지만 디지털 상에 놓여지는 디지털 문학, 마지막으로 디지털 기술을 통해 읽히고 쓰여지며 디지털만의 읽기/쓰기 방식을 새롭게 창조해내고 있는 당대적 현상이다. 이 글에서는 최근 디지털 콘텐츠의 주류로 떠오르고 있는 마지막 분류, 즉 인스턴트 메시지(메신저, 채팅 등), 문자 메시지, 댓글, 이메일, SNS(트윗, 페이스북, 유튜브 등), 웹로그 등의 당대적 읽기/쓰기 현상에 집중할 것이다. 위기이든 기회든 논의의 중심에는 그것들이 위치하고 있기 때문이다. 만일 읽기/쓰기 문화가 위기라면 그것을 극복하는 혜안을 어쩌면 그 지점에서 발견할 수도 있을 지도 모르기 때문이다.

이에 이 글은 구술문화, 문자문화, 인쇄문화, 후기인쇄문화, 그 시대적 흐름에 따라 언어와 문자, 읽기와 쓰기가 어떻게 변화해왔는지, 인류의 지식정보 전달체계의 변천을 살펴볼 것이다. 읽고 쓰는 것을 가능케 한 언어는 인류의 커뮤니케이션에서 핵심적 수단이자 목적 그 자체이기 때문이다. 미셸 푸코(Michel Foucault)가 주장했듯이 "언어학은 인문학 전통에서 핵심"[3]이며, "언어 분석은 설명적이기보다는 지각이다. 즉, 그것은 바로 그것의 목적으로 구성된다."[4] 인간을 둘러싼 정치·사회·문화적 인지와 지각 활동을 설명하기 위해서는 해당 언어, 읽기와 쓰기 행위의 분석이 필수불가결하다는 말이다. 읽기와 쓰기 행위가 왜 인류의 본성이라고 말할 수 있는지, 왜 우리가 그에 대해 연구해야 하는지, 언어학자 스티븐 로저 피셔(Steven Roger Fischer)는 이처럼 설명한다. "지식을 추구하고 배움을 사랑하는 인간의 본성이 읽기에 불을 붙인 도화선이었다. 다른 생명체에 비해 인류가 갖춘 가장 최근의 장점은, 정보를 찾아내고 조직하는 능력이다. 이는 분절화 된 말로 시작하여 쓰기와 형태와 방식이 끝없이 발전하는 읽기를 통해 이루어졌다. […] 우리가 아는 역사상의 모든 언어와 문화는 읽기를 통해서만 지속될 수 있다. 과거 우리의 영광과 노력 모두가 증언하는 것처럼, 이를 통해 우리는 인류라는 드라마에 지속적으로 동참하는 것이다."[5]

이처럼 나는 읽기/쓰기 문화의 변화와 발전 과정에서 인류의 '기록'과 '서사'에 대한 본능이 현대로 오면서 '데이터베이스'와 '링크'로 연결되는 상황을 진단하고, '현대적', '디지털적' 읽기/쓰기 방식이자 의사소통 수단을 '텍스트'와 '하이퍼텍스트'의 조합으로 규정할 것이다. 즉 읽기/쓰기 역사의 파란이 증명하듯, 읽기와 쓰기의 대상이자 결과물이자 목적 그 자체인 '콘텐츠'의 층위, 지위, 의미, 가치는 끊임없이 변화하여 결국 지금 '디지털 콘텐츠'에 이른 것임을 밝히려는 것이다.

이 모든 과정을 통해 우리가 말하려는 것은 러시아 문예학자인 미하일 바흐친(Mikhail Bakhtin)이 고찰한 바, "일상생활의 산문"[6], "대화주의"[7]가 디지털 콘텐츠의 주류로 떠오르고 있다는 사실이며, 범지구적 현상으로 무한대로 창조되고 있는 다양한 유형의 디지털 콘텐츠에 주목해야만 하는 당위가 거기에 있다는 점이다.

바흐친이 강조한 인간 본능의 자유와 창조성, 그에 기반한 '일상생활의 산문'에 대한 개념은 아래 인용구에서 그 의미를 확인할 수 있다. "언어를 창조적인 것으로, 자아를 종결 불가능한 것으로, 그리고 역사를 근본적으로 열린 것으로 이해하기 위해서는 각각 창조성이 그 안에 내재하도록 기술되어야만 한다. 창조성이 없으면 그것들은 아주 다른 것이 되어 있을 것이다. 창조성은 언제 어디에나 있다. […] 개방성의 모델들을 구성하는 방법은 종결 불가능성을 평범한 과정에, 즉 — 바흐친이 쓰는 것처럼 — 바로 '일상생활의 산문'에 놓는 것이다. 그것들은 매일매일의 '존재의 사건'을 구성하는 축적된 작은 변화들의 산물이며 또 그러한 산물이었기 때문이다."[8] 더불어 바흐친의 '대화'라는 개념은 후대에서 다양한 방식으로 해석되면서 평범해지곤 했는데, 이 글에서 우리는 더욱 광범위한 의미에서 '대화주의', '대화사회'의 개념을 적용하려 한다. "대화적 관계는 텍스트 내에 문장으로 제시된 대화의 단순한 말대꾸보다 훨씬 더 광범위한 현상이다. 그 관계는 인간의 모든 발화 및 인간 생활의 모든 관계나 현시 — 일반적으로 의미와 의의를 지니는 모든 것 — 에 스며들어 있는 거의 보편적인 현상이다."[9] 결국 이 글이 말하는 '대화주의'란 인류 사고방식 자체의 대화적 본능에 초점을 맞추고자 하는 것이다.

우리는 이러한 일상생활의 산문과 대화주의를 통해 평범한 사람들이 매일매일 읽고 쓰는 디지털 콘텐츠에 특별한 의미를 부여하는 '디지텔링' 시대를 열 수 있을 것으로 보인다. '디지텔링'은 디지털(digital)+스토리텔링(storytelling)의 합성어로서 내가 디지털 읽기/쓰기 현상에 대해 당대적 읽기와 쓰기의 가치와 의미를 실현코자 학계에 제안하는 개념이다. 이는 디지털 콘텐츠가 서사성과 선형성이 결여된 무의미한 정보 덩어리가 아니라 당대적 읽기/쓰기 현상으로서 이야기성을 지닌 일상생활의 산물이자 작품이며, 정보 사회에서 대화 사회로 이르는 길이라는 의미를 내포한다. 디지털 세상에서 읽기와 쓰기 문화의 변화로 시작된 '디지텔링'의 '혁명적 일상성'을 고찰하며 제2의 문예 부흥을 가져올 '디지텔링'이 작동하는 원리를 설명한다면, 콘텐츠의 개성과 다양성을 확보하여 새로운 의미의 디지털 콘텐츠 패러다임을 창조할 수 있을 것이다.

2. 기록과 서사, 데이터베이스와 링크의 관계망

문자나 언어가 없던 고대에도 읽기와 쓰기는 존재했다. 선화(線畫), 기호, 그림문자의 시절을 떠올려보자. 우리가 읽고 쓰는 문화의 혁명적 계기로 알고 있는 종이와 인쇄술의 발명은 500여 년도 안 된 최근의 일이며, 그에 앞서 설형문자와 상형문자에서 시작하여 알파벳에 이르기까지 인류가 문자를 사용한 역사 역시 6천년 밖에 되지 않는다.[10] 불완전한 읽기와 쓰기의 시절에서 사람들이 '신의 선물'이라 부른 문자가 생기면서 완전한 읽기/쓰기의 시대로 넘어오게 된다. "읽기가 더 이상 일대일 전달(대상물에서 단어로)이 아니라, 소리의 논리적 연결에 의해 자연스런 인간 언어를 창조하는 무엇이 되었음을 의미하는 것이다. 그림을 읽는 것이 아니라, 이제는 언어를 읽게"[11] 된 것이다.

문자가 신의 선물로 여겨지던 당시 읽고 쓰는 일은 지배계층의 권력의 상징이었다. 그러나 머지않아 인쇄술이 발명되고, 출판업이 활황을 이루면서 인류의 읽기와 쓰기 문화는 보편화된다. "문화사적 의미에서 인쇄술은 사회를 근본적으로 변화시켰다. 동일한 기록물을 기계로 무한정 찍어냄으로써, 지식에 대한 접근이 무한정으로 가능한 사회가 된 것이다. 근대 사회를 가능하게 한 것은 실로 인쇄술이라 할 것이다. 인쇄술이 불을 통제하고 바퀴(차)를 사용하는 것에 버금갈 정도로 인류에게 중요한 것이라는 주장은 과장이 아니다."[12] 이러한 주장이 가능한 것은 읽고 쓰게 됨으로써 인류가 이룩해내게 될 거대한 업적 때문이다. 인간의 의식 자체를 바꾸어놓게 될 글쓰기의 혁명적 과정에 대해 월터 옹(Walter J. Ong)은 "글쓰기 테크놀로지들은 단순하게 외부적인 도움이 아니다. 그것은 의식을 내부에서 바꾸어 놓는다."[13]고 역설한다. 지식과 정보가 보편화되어 온 역사가 바로 개개인 대중의 읽기와 쓰기의 역사인 것이다. 읽기와 쓰기, 그것의 대중화를 가능케 한 인쇄술을 통해 지식과 정보에 자유롭게 접근하게 된 대중은 기록과 서사의 과정에도 직접 참여하게 된다.

인류의 '기록'과 '서사'의 역사는 현대로 오면서 '데이터베이스'와 '링크'의 기능으로 확장된다. 현대의 컴퓨팅 환경은 전혀 새로운 방식으로 지식과 정보를 기록하고 서사를 만들어냄으로써 읽기/쓰기 패러다임의 혁명적 변화를 이끌어낸다. 사실 디지털 장치를 통해 현대인이 가장 많이 수행하는 일은 텍스트의 입력과 전송이다. 컴퓨터는 본질적으로 상당히 텍스트 지향적인 기계인 것이다. 또한 컴퓨터가 등장하자마자 데이터베이스화(디지털화)의 대상이 된 첫 번째 미디어는 바로 텍스트였다.[14] 사실 디지털 텍스트 안을 들여다보면 우리는 인류 문명사 안에서 발전해 온 텍스트 구성 원칙을 충실하게 따르고 있다는 사실에 놀라게 된다. 파피루스 두루마리 시절의 텍스트 구성 원칙 혹은 전통적인 인쇄 책의 구성 원칙과 현대의 디지털 콘텐츠의 '배치의 미학'은 전혀 다를 것이 없다. "전형적 웹 페이지들은 텍스트가 주를 이루고 사진, 삽화, 도표 그리고 그래프가 끼어 들어가 있으며 다른 페이지와 연결되어 있는 신문과 개념적으로 유사하다."[15] 결국 디지털 텍스트와 아날로그 텍스트의 관계는 도구적 변천의 한 양상일 뿐이며 상호보완적일 수밖에 없다. 그 근저에는 '창작'(쓰기)과 '소비'(읽기-보기)를 목적으로 하는 "형태를 달리한 텍스트"가 있을 뿐이다.

고대 '구술문화 시대'에 배척되던 텍스트는 '인쇄산업화 시대'에서 나름의 특권을 누려왔고, 이제 '후기 인쇄 시대'를 맞이하여 새로운 특성을 추가하게 되었다. '이전 보다 강력한' 혹은 '이전 것을 뛰어넘는'이라는 의미를 가지는 '포스트'(post)라는 접두사가 시사하듯 후기 인쇄 시대에 인쇄 텍스트는 여전한 특권을 누리는 동시에 디지털 텍스트로 진보하게 된다. 여기서 우리는 컴퓨터가 문자 이전 세대의 사람들과 유사한 문화에 우리를 초대한다는 사실을 깨닫게 된다. 이는 월터 옹이 컴퓨터가 우리를 "2차 구술성"이라고 부른 시대로 이끌어준다고 주장한 것이다. 2차 구술성이란 "참가한다는 신비성을 가지며, 고유한 감각을 키우고, 현재의 순간에 집중하는 한편 정형구를 사용한다"[16]는 점에서 문자 이전의 1차적인 구술 문화와 놀라울 정도의 유사성을 갖고 있다. 최근 디지털 콘텐츠를 이루고 있는 특징인 참여도, 디지털 세대만의 고유한 감각, 현재성, 그들만의 정형구 등은 구술문화 시대의 전형성을 고스란히 이어가고 있다.

또한 미디어학자 데이비드 볼터(Bolter J. David)가 재매개(remediation) 이론[17]을 통해 "디지털 미디어는 인쇄 책을 개조하고 있다"[18]고 말하듯, 현대적 미디어들은 과거 미디어를 반영하여 형태를 달리해 개조(개선, 개혁)한다. 디지털 콘텐츠는 전통적인 읽기와 쓰기를 어떻게 디지털적으로 개조하고 개혁한(재매개한) 것일까? 대부분의 뉴미디어 학자들은 인쇄 텍스트에서의 읽기/쓰기와 디지털 텍스트에서의 읽기/쓰기의 가장 큰 차이를 '서사성'과 '선형성'의 여부에 있다고 본다. '서사성'은 일정 텍스트에 시작과 끝이 있고, 고정된 순서와 흐름이 있으며 전체적으로 통일성 있게 연결된 전통적인 인쇄 텍스트의 특성이라 규정되는 반면, 디지털 텍스트의 경우 산발적으로 흩어져 있는 개별적인 데이터들이 느슨하게 연결된 하이퍼텍스트(정보 덩어리)로서 서사성과는 거리가 멀다는 논리가 그것이다. 흔히 인쇄 텍스트는 선형적 구조로, 디지털 텍스트는 비선형적 구조로 정의되는 것도 같은 맥락이다. 뉴미디어 학자인 레프 마노비치(Lev Manovich)는 전통 서사와 디지털 데이터베이스를 대립항에 놓고 "서사적 전기 대신 이미지, 음향, 비디오 클립이나 거기에 덧붙여질 수 있는 텍스트의 데이터베이스를 볼 수 있고 다양한 방식에 의해 탐색하는 것이 가능"[19]하다고 강조한다. 동시에 그는 디지털 환경에서 서사의 개념이 재정의된다고 주장한다. "서사의 '사용자'는 데이터베이스를 만든 사람이 구축한 기록들 간 링크를 따라 데이터베이스를 움직여 다닌다. (하이퍼텍스트와 유비적인 의미에서 하이퍼내러티브로 불릴 수 있는) 상호작용적 서사는 이때 데이터베이스를 관통하는 여러 궤적의 집합으로서 이해될 수 있다."[20]

만일 인쇄의 논리를 혹은 디지털의 논리를 증명하기 위해 '서사성'과 '선형성'의 개념을 빌려왔다면, 우선적으로 규정할 것은 서사성과 선형성의 개념 그 자체가 아닐까. 기록으로서의 데이터베이스를, 서사로서의 링크를, 선형성과 비선형성을 배치되는 개념으로 규정할 것이 아니라 전통적으로 서사와 선형적 구조는 어떻게 구축되어 왔으며, 어떤 기능을 수행하는지부터 논해야 할 것이다. 파피루스 두루마리를 사용하던 고대 서사시인, 철학자, 역사학자들의 주요 작품은 종결이라는 개념에서는 거리가 멀었던 것으로 보인다. 몇몇 미디어 학자들의 이분법적 논리를 따르자면 파피루스야말로 서사성이 취약하고, 비선형적 구조를 가지고 있는 것으로 보인다. 그보다는 오히려 최근 등장한 전자책 단말기의 텍스트들은 그 종결성이 보장되며 링크 기능을 통해 해당하는 하이퍼텍스트와 하이퍼내러티브로 직접 연결되는 등 서사적이고 선형적 구조를 가진다. 이러한 판단 오류는 우리가 잊고 있거나 잘못 이해하고 있는 중요한 사실에서 기인한다. 서사성과 선형성의 전형적인 예시로 제시되는 인쇄물 역시 하나의 테크놀로지로서, 과거의 것들을 인쇄 테크놀로지로서 재매개하며 '닫힌 구조'를 가지게 되었을 뿐이다.(사실상 인쇄물 역시도 다양한 참고문헌들로 링크되어야 일정한 이야기가 완성되는 '미완의' 작품일 뿐이다.) "결국 책은 가르치고 소통하는 기계이다. 그러므로 우리가 구텐베르그 혁명에 버금갈 정도로 기본적인 테크놀로지, 문화적 변혁기에 살고 있다고 할 때 우리가 인식해야 할 첫 번째 사항은 인쇄된 책도 역시 테크놀로지라는 사실이다."[21]

따라서 서사의 개념은 재정의가 필요한 것이 아니라 디지털 읽기/쓰기의 재매개가 어떤 방식으로 서사를 구축하는가를 탐구해야 할 것이다. 또한 디지털 언어의 하이퍼텍스트와 하이퍼내러티브를 유비적 관점에서 분리해 바라볼 필요도 없다. 그것이 단순한 데이터베이스로의 이동이든, 내러티브로의 이동이든 디지털 테크놀로지의 사용자들은 이미 오래 전부터 인쇄 텍스트들에서 다양한 방식으로 활용되어온 주석, 색인, 이미지, 표 등의 비선형성을 경험해 해왔다. "결국 웹페이지들은 페이지로 불리며, 이들은 잡지나 신문의 그래픽 레이아웃을 모델로 한다. 하이퍼텍스트는 이런 차원에선 선형적인 구조의 책과 같은 모양을 유지한다. […] 하이퍼텍스트 읽기와 쓰기는 우리가 500년 동안 알아왔던 인쇄 독자, 작가 개념과 함께 시작한다. 이런 방식으로 하이퍼텍스트는 라이벌인 인쇄 형태에 빚을 지고 있다는 사실을 자인한다."[22] 중요한 것은 서사성과 선형성의 여부가 아니라 디지털로 이동하면서 기록은 데이터베이스로, 서사는 링크로 재매개되어 왔다는 점이다.

최근 책, 독서, 출판 등에 대한 연구를 살펴보면 그 서사성과 선형성의 논의에 앞서 인쇄 텍스트에 제한된 논의를 디지털로 재개념화할 필요성이 있다는 주장이 제기되고 있다. 김기태는 '출판'을 아래처럼 재개념화하였다. "출판이란 인간의 사상이나 감정을 표현한 저작물을 창의적인 편집활동을 통하여 인쇄술 또는 기계적·화학적·전자적 방법을 사용하여 책의 형태로 다수 복제하거나 각종 전자기기에 탑재하여 독자에게 분배함으로써 공익의 목적을 달성하거나 이윤을 추구하기도 하는 문화적·사회적 활동을 말한다."[23] 또한 볼터의 '재매개' 이론에 기대어 텍스트의 배치를 파악해보아도 서사성과 선형성의 논의 자체가 어불성설이 되고 만다. 문제는 텍스트의 통일성이나 파편성의 여부가 아니라 '글쓰기 공간'이 현대적 재매개로 인해 어떻게 개조되었으며, 인류의 쓰기와 읽기 기능을 개선시키고 있는가 하는 점이다. 오랜 세월에 걸쳐 인류가 습득하고 발전시켜온 읽기/쓰기 테크놀로지는 필요와 편의, 요구와 목적에 따라 다양한 방식으로 서로를 재매개하며 텍스트적 속성을 견고하게 유지한 채 지금의 하이퍼텍스트에 이른 것이다. 다음 장에서 우리는 이러한 텍스트와 하이퍼텍스트를 '현대적 읽기/쓰기 문화'가 갖는 속성으로 살펴보게 될 것이다.

여전히 대개의 인류는 기록과 서사, 데이터베이스와 링크, 선형과 비선형 등의 개념과 상관없이 디지털 테크놀로지를 통해 무언가를 읽고 쓴다는 명백한 사실은 디지털 테크놀로지를 시빗거리로 삼기를 좋아하고 디지털 위기론에 천착하거나 심지어는 아예 침묵하는 편에서조차 의아해하는 점이다. 이는 마셜 맥루언(Marshal Mcluhan)이 강조한 바, "전자 정보 구조의 '동시적인 영역'은 오늘날, 사회적 경험의 모든 수준에서의 특수주의와 사적 발의가 아니라, 대화와 참여를 위한 조건과 필요를 재구성한다"[24]는 귀결로 이어진다. 인류의 오랜 읽기/쓰기 문화사에서 불변의 진리는 한 가지다. "어떤 테크놀로지도, 심지어 명백하게 자율적인 것처럼 보이는 컴퓨터조차도 인간 작가와 독자들이 없으면 글쓰기 공간 역할을 할 수가 없다"[25]는 것이다. 그러한 역사적 과정의 모든 핵심에 바로 사람이 있다는 말이다. "우리의 책과 정기 간행물 그리고 특히 새로운 엘리트인 전자화면은, 아마도 가장 큰 인간의 목소리일 것이며, 고대 '영원한 증인'(구어, 문어)을 수억 바이트 곱해서 나온 것이다. 이들이 우리들 삶의 모든 면을 비추어, 일상적 나날에서 영감을 주고 지시하고 즐겁게 하며, 나아가 인터넷망으로 짜내는 등 개입하고 있기 때문이다."[26] 결국 테크놀로지를 등에 업게 된 인류는 예의 그만의 기록 본능을 데이터베이스화로, 서사 본능은 링크의 형식으로 재매개하여 일상적 차원의 일들에서 영감을 발휘하고 목소리를 높이게 된 것이다. 읽기/쓰기 문화에의 참여에 고무된 인류가 어떤 방식으로 텍스트와 하이퍼텍스트를 넘나들게 되었는지 살펴보자.

3. 텍스트, 하이퍼 텍스트를 통한 읽기/쓰기 문화

앞서 이야기했듯이 컴퓨터가 등장하자마자 디지털화의 대상이 된 첫 번째 미디어는 바로 텍스트였으며, 현재 디지털 장치를 통해 현대인이 가장 많이 수행하는 일은 텍스트의 입력과 전송이다. 이는 인류의 텍스트적 본능이라 부를 수 있을 것이며, 정보 테크놀로지의 발전으로 이러한 본성이 '하이퍼텍스트'라는 개념을 낳게 된다. 과연 하이퍼텍스트는 무엇이며, 어디서 온 것일까? 1960년대 초기 넬슨이 만들어낸 '하이퍼텍스트'라는 용어는 전자적 텍스트 형식과 형태 일체를 의미하는 이전과는 전혀 다른 새로운 테크놀로지 형태로 받아들여졌다.[27] 뉴미디어 학자인 마이클 조이스(Michael Joyce)는 "하이퍼텍스트는 텍스트가 텔레비전에게 복수하는 것"[28]이라는 말을 했는데, 이 역시 하이퍼텍스트를 새로운 형태의 텍스트로 보는 관점을 반영한다. 과연 하이퍼텍스트는 인류가 경험하지 못한 세계로 진입하는 새로운 형태의 텍스트인가?

반면, 정보테크놀로지 분야의 저명한 학자인 조지 란도는 '디킨스 웹'(The Dickens Web)[29] 같은 프로젝트로 웹상에 구현된 하이퍼텍스트와 하이퍼미디어학을 연구하면서 하이퍼텍스트를 새로운 관점에서 조명하였다. 그는 롤랑 바르트(Roland Barthes), 미셸 푸코, 자크 데리다(Jacques Derrida), 미하일 바흐친 등 인문학자들의 텍스트와 네트워크 개념을 끌어들여 『하이퍼텍스트 3.0』을 집필하였는데, 여기서 하이퍼텍스트와 하이퍼미디어를 이처럼 정의한다. "하이퍼텍스트는 텍스트 덩어리와 그것을 연결해 주는 전자적 링크로 구성된 텍스트를 의미한다. 하이퍼미디어는 시각정보, 소리, 애니메이션, 다른 형태의 데이터를 첨가해 하이퍼텍스트 안에 있는 텍스트

개념을 단순히 확장한 것이다. […] 하이퍼텍스트는 언어적, 비언어적 정보를 링크하는 정보 매체를 지칭한다. 나는 하이퍼텍스트와 하이퍼미디어란 용어를 상호교환적으로 사용할 것이다."[30] 여기서 우리는 "단순히 확장한 것"이라는 부분에 집중해야 한다. 하이퍼텍스트는 전혀 새롭게 등장한 읽기/쓰기 형식이 아니라는 점이다. 란도는 "하이퍼텍스트는 비선형적, 아니 좀 더 적절하게는, 다중선형적(multilinear) 혹은 다중순차적(multisequential)으로 경험되는 텍스트를 만들어내게 된다"[31]고 강조하면서 텍스트의 선형성에 대한 일체의 경고를 일축한다.

다음 그림에서 보이는 것처럼 하이퍼텍스트의 축 형 링크와 네트워크 구조는 인쇄 텍스트에서 사용하는 주석의 기능에서 크게 벗어

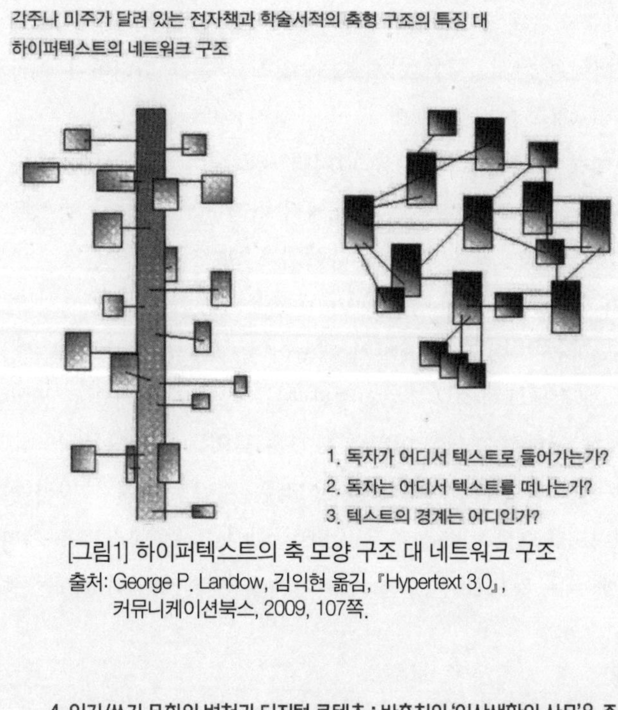

[그림1] 하이퍼텍스트의 축 모양 구조 대 네트워크 구조
출처: George P. Landow, 김익현 옮김, 『Hypertext 3.0』, 커뮤니케이션북스, 2009, 107쪽.

나지 않는다. 다만, 디지털 매체로 오면서 오른쪽 그림의 '비선형의 선형성'을 가능하는 구조인 프랙탈 네트워크(fractal network)로 변이되었을 뿐이다. 하이퍼텍스트에 관한 한 인쇄 매체와 디지털 매체 모두 비선형적(종결불가능성)으로도, 선형적으로도 볼 수도 있는 것이다. 그러니까 하이퍼텍스트는 '비선형'이 아니라 '다중선형', '다중순차'라는 란도의 주장이 시사하는 바는 우리 인류의 의사소통 방식과 지식정보 전달 체계가 이미 선형성과 연속성을 내포하고 있다는 점이다. 사실 텍스트를 연속성과 선형성이라는 개념으로 구별 짓는 것 자체가 의미 없는 일로 보이기까지 한다. 모든 성전(聖典)이 대화로 기록되던 시절에서부터 고대 파피루스 시절 시인이나 철학자들의 개방된 텍스트는 — 굳이 선형성 여부를 구별 짓는다면 — 비선형적, 비연속적 텍스트의 전형을 보여준다. 그러나 과연 그것을 비선형이라 할 수 있을까. 그 자체로 끝을 맺는 동시에 다른 텍스트들과 연결되어 의미와 가치를 확보하게 되는 방식은 인쇄 미디어가 권위를 가지게 된 때(학술논문, 책의 주석을 보라)에나 하이퍼텍스트로 텍스트 사이를 넘나들게 된 지금 디지털 시대에나 변한 것이 없다. 고대로부터 물려받은 읽기/쓰기 문화에서 이러한 서로 다른 텍스트 사이의 '넘나들기'는 인간의 본성, 나아가 읽기/쓰기의 속성으로 여겨도 무리가 없다. 바흐친이 강조한 바, 종결불가능한 대화적 본능은 인류가 사고하는 방식 그 자체이기 때문이다. "의식의 대화적 본성, 인간 삶 그 자체의 대화적 본성, 진정한 인간 삶을 언어적으로 표현할 때 유일하게 적합한 형식이 있다면 그것은 끝없는 대화다."[32]

바흐친은 한 발 더 나아가 종결이라는 개념 자체를 부정하는데 이는 하이퍼텍스트적 속성과도 맞닿아 있다. 모든 텍스트를 개방되어 서로 연결된 것으로 본다면 "바흐친에게 '전체(the whole)'는 종결된 존재가 아니다. 그것은 항상 관계이다. […] 따라서 전체는 종결지을 수도 무시할 수도 없다."[33] 그에 따르면, 어쩌면 지구상의 모든 텍스트들은 종결되지 않은 것으로 이해할 수도 있을 것이다. 또한 디지털을 바탕으로 한 자유로운 형식의 읽기/쓰기가 중요하다는 점을 일찍이 인식한 데리다는 "선형적인 글쓰기의 종말은 진정으로 책의 종말이다"[34]고 말하며, 책 — 인쇄미디어 — 에 자격을 부여하는 경향과의 단절을 위해 새로운 글쓰기(그래머톨로지적인 글쓰기)를 주장했다. "책 형식만으로는 더 이상 […] 실제적으로 그 형식을 문제 삼고 그것을 해체하는 글쓰기 과정을 […] 설정할 수 없다"[35]고 강조하며 시작과 끝이 없는, 총체적 통일성을 무너뜨리는, 그야말로 '경계 없는' 하이퍼텍스트적인 미래적 읽기/쓰기를 명쾌하게 예측했다.

텍스트의 '개방성', '상호텍스트성'을 통해 데리다가 주장하려 했던 것과 마찬가지로 바르트는 '쓰기 텍스트'와 '비선형성'을 강조하며 텍스트 이면의(밖의) 보이지 않는 것을 보고, 그것을 호흡하는 읽기/쓰기에 대한 인간적 본능을 파악하려 노력했다. 바르트는 독자들을 특정한 방식으로 읽도록 조장하는 텍스트의 정치적 압박을 연구하면서, 독자가 그저 읽도록 만들어진 책은 '읽기 텍스트'로, 독자가 직접 쓰도록 유도하는 텍스트를 '쓰기 텍스트'로 지칭했다.[36] 그는 직접 『S/Z』[37]등의 신비평 장르를 창작해내며 텍스트의 정치적 관계를 매우 흥미로운 방식으로 조작했다. 푸코 역시 텍스트를 '네트워크'란 측면에서 인식했다. 그는 "지식 자체의 고고학적 분석"이라는 프로젝트를 묘사하면서 "동시적인 그리고 외견상으로 모순된 의견이 상호작용할 수 있도록 하는 사고의 일반적인 시스템을 재구성할 필요가 있다. 논쟁이나 문제를 가능하게 만들고, 지식의 역사성을 떠맡도록 하는 조건을 규정하는 것은 바로 이 시스템이다"[38]고 역설하며, '숨겨진 네트워크'를 통해서 지식의 모순된 분류법, 관찰, 해석, 범주, 관찰 법칙을 광범위하게 서로 연결하는 새로운 담론의 질서를 발견할 수 있다는 결론을 내린다.[39] 독자들이 자신이 결정한 순서대로 다양한 방식으로 읽을 것을 강조하며 "리좀, 고원, 유목민적 사고"를 이야기한 질 들뢰즈(Gilles Deleuze)와 펠릭스 가타리(Felix Guattari)의 논의 역시 동일한 차원에서 해석할 수 있을 것이다.[40]

인류의 대화적 본능, 종결 불가능성, 미래적 읽기/쓰기, '쓰기 텍스트'로의 이동, 그리고 네트워크 같은 용어를 꾸준히 사용하며 바흐친, 데리다, 바르트, 푸코, 들뢰즈 이들 모두가 주장하는 것은 다름 아닌 텍스트를 넘나들며 지식의 지평을 한층 넓혀주는 '하이퍼텍스트'이다. 인쇄 텍스트에서 가능했던 고정된 텍스트, 저자의 유일성, 수동적 독자의 개념이 해체된다는 측면에서 하이퍼텍스트는 결국 현대 문학 비평과 기호학, 해체주의, 포스트구조주의 등 일부 주요 논점과 상당히 유사한 점을 갖게 된 것이다. "하이퍼텍스트 링크는 현재의 텍스트를 텍스트 우주의 중심에 자리매김하도록 만든다. 이렇게 함으로써 새로운 위계 구조를 만드는 것이다. […] 하이퍼텍스트에서는 중심이란 것이 항상 일시적이면서 탈중심화된 가상적 중심이기 때문에 그것이 인쇄 텍스트처럼 네트워크의 다른 것들을 압제하지는 않는다."[41]

결국 하이퍼텍스트는 텍스트와 별개의 개념으로 정의되는 것이 아니라 읽기/쓰기의 본류로 돌아가는 텍스트적 현상의 하나로서, 지식과 정보를 담은 텍스트의 이해, 나아가 세계에 대한 이해를 용이하게 만드는 하나의 수단으로 정의해야 할 것이다. 우리는 텍스트와 텍스트 사이를 넘나들기 수월해진 환경인 하이퍼텍스트를 '현대적 읽기/쓰기 문화'가 갖는 속성으로 정의하고자 한다. 그러니까 텍스트와 텍스트성, 하이퍼텍스트의 개념은 새로울 것이 전혀 없는, 인류의 오랜 사고 습관이 테크놀로지를 통해 디지털적 읽기/쓰기로 발현된 현상으로, 디지털 시대의 읽기/쓰기 관습으로 바라봐야 한다는 것이다. 이제 하이퍼텍스트로 연결된 텍스트들은 무의미한 정보 덩어리(단순 복합체)의 차원을 넘어선 상호 접점과 상호 작용의 '핵심지점'들을 보유하고 있는 '프랙탈 네트워크'([그림1]에서 오른쪽 네트워크 구조)로 봐야 할 것이다.

디지털 시대의 읽기/쓰기 관습으로서 하이퍼텍스트는 텍스트와 다른 텍스트 간의 관계에 대한 경험을 급진적으로 바꿔놓게 된다. 이를테면 과거 고정되고 단단한, 불변의 지식과 정보 텍스트의 벽이 허물어지고 텍스트의 개념 자체가 보다 유연하게 바뀌면서 대중들을 적극적으로 유입하게 된 것이다. "데이터, 사고, 자아와 우주의 관계를 극적일 정도로 변화시키는 정보 매체에 우리가 기대하는 것처럼 이 (표류하는) 핵의 순간성은 불평이나 풍자의 이유라기보다는 단순히 주어진 것 — 이것이 사물들이 존재하는 방식이다 — 일 따름이다. 그것은 우리가 생각하고 의사소통하거나, 혹은 하이퍼텍스트적인 우주에서 이런 생각과 의사소통을 기록하는 조건에 불과하다."[42] 이러한 하이퍼텍스트적인 유연성과 개방성은 디지털 매체를 민주적인 것으로 만드는 동시에 대화 사회의 한 모델로 구축한다. 예의 프랙탈 네트워크가 그렇듯이 어떤 하나의 대화나 법칙이 다른 것들을 지배하거나 기반이 되는 경우는 없다. 바흐친이 말한 바, 종결불가능성이란 일상의 사건성, 현재성, 실제적 창조성, 무작위성, 잠재성, 개방성을 지향하는 개념으로 그 어떤 텍스트도, 삶도, 일상도, 사회도, 문화도, 역사도 체계나 법칙으로 설명할 수 없는, 그 자체로 종결이 불가능한 열려있는 '대화적 시공간' 속에 놓여있다는 것[43]인데, 이는 아래에서 살펴볼 디지털 콘텐츠의 철학에 다름 아니다.

4. 바흐친의 '일상생활의 산문'과 디지털 콘텐츠

러시아 문예학자인 바흐친의 사상을 가장 객관적으로 분석했다는 평가를 받는 게리 솔 모슨(Gary S. Morson)과 캐릴 에머슨(Caryl Emerson)은 '산문학'[44]이라는 개념으로 바흐친을 요약했다. 우리는 여기서 디지털 콘텐츠의 희망을 발견할 수 있다. 디지털 테크놀로지로 인해 변화되고 있는 인류의 의사소통 체계인 읽기/쓰기 문화가 어떠한 가치와 의미를 획득하는지, 디지털 콘텐츠의 생태에 대한 명확한 인식을 위해서 바흐친의 '산문학', 즉 "산문적 삶의 풍부한 결"[45]이 중요한 개념이기 때문이다.(나는 이를 '일상생활의 산문'이라 부르기로 한다.) 디지털 콘텐츠에서의 읽기/쓰기 패러다임의 변화와 그 문예적 가능성을 탐구하기 위해서는 "문화의 발전 과정에서 나타나는 이질적인 일상적 장르와 의미의 중요성"[46]을 반드시 염두에 두어야 한다. 이러한 '산문학'의 필요성에 대해 바흐친은 "인류학자들이 방언과 오지 문화를 연구하고, 언어학자들이 복잡한 구조적 모델을 만들어내고, 문학 연구자들이 위대한 작품들을 해독하기 위해 난해한 방법을 사용하지만, 자신들이 매일 듣는 엄청나게 다양한 대화에서 배우고자 하는 생각을 가진 이는 거의 없다는 아이러니에 대해 언급하곤 한다."[47]

우리는 흔히 가십성 글이나 출처가 분명치 않은 텍스트를 읽는 것은 읽지 않느니만 못하다느니 친구들끼리 주고받는 인스턴트 메시지에 불과한 자료들은 텍스트가 아니라느니, 수많은 (유의미한) 댓글은 그저 감정적 소모 현상일 뿐이라느니, 결국 그러한 것을 읽고 쓰는 것은 '고급한 혹은 정식의 읽기/쓰기'가 아니라느니 하는 얘기를 지루할 정도로 들어왔다. 그러나 과연 유사 이래 인류가 읽고 써 온 방대한 텍스트 중에서 '고급', '정식'이라고 부를 만한 것은 무엇이며, '텍스트다운 텍스트'의 기준은 누가 어떻게 마련한 것인가. 과연 우리가 '텍스트로서 합당한 무엇'에 대해 합의한 적이 있긴 있는가. 피셔는 이에 대해 다음처럼 말한다. "우리가 보통 생각하는 것 이상으로 읽기는 평등하고 원칙이 있으며, 사회 남녀 구성원의 보다 높은 이상에 호소한다. 우리는 쓰레기가 아닌 질을 추구한다. 흥밋거리, 정보 혹은 전문적 탐구, 그 무엇이 됐든 독자 대부분은 최고라고 생각하는 것을 선택한다."[48]

사실 디지털 텍스트의 시대부응적 예시로서 인스턴트 메시지(메신저, 채팅 등), 문자 메시지, 댓글, 이메일, SNS(트윗, 페이스북, 유튜브 등), 웹로그 등을 통해 그 모습을 이제야 드러내고 있는 당대의 읽기/쓰기 현상은 고대 소크라테스적 대화와 메니포스적 풍자를 닮은 모습이기도 하며, 바흐친이 강조한 '대화사회'의 모델이기도 하다. 이렇듯 "당대의 현실적 문제에 대해 개인적, 일상적 고민을 다루고 있는 디지털 텍스트"(이후 '디지텔링', '디지텔링 콘텐츠'라는 용어로 대치한다)들은 짧은 이야기로서, 서간문으로서, 웅변이나 논총으로서, 타인의 의견에 대한 응답으로서, 다양한 대화와 끼어들기의 행위로서 디지텔링의 철학을 완성하며 읽기와 쓰기의 패러다임 혁명을 일으키고 있다. 물론 디지텔링의 대상으로서 기존 미디어의 디지털화로 인한 다양한 텍스트들도 하이퍼텍스트성을 통해 새로운 의미와 가치를 확보해 가고 있지만, 이는 기존 읽기/쓰기 현상의 기술적 확장내지는 사고의 지평 확장이라 보고, 본 연구에서는 보다 일상적 차원의 읽기/쓰기 현상을 중심으로 디지텔링의 철학을 규명하기로 한다.

디지텔링이란 디지털(digital)과 스토리텔링(storytelling)의 합성어다. 앞서 서술했듯이 디지털 콘텐츠는 당대적 읽기/쓰기 현상으로서 '이야기성'을 지닌 일상생활의 산물이자 작품이며, 정보 사회에서 대화 사회로 이르는 과정이라는 의미를 내포하고 있다. 이른바 서사성이나 선형성, 권위가 중요했던 과거 읽기/쓰기 문화에서 놓친 부분은 바로 대중이며, 그들의 존재적 일상성이라는 말이다. 이제 디지텔링을 통해 디지털콘텐츠의 일상적, 산문적 읽기/쓰기 문화에 주도적으로 참여하게 된 일반 대중은 디지털 시대의 대화적 분위기를 이끌고 있다. "예전에는 기록어의 영역이 아니었던 곳에서도 읽기가 출현했다. 읽기 기반의 컴퓨터 채팅이 과거의 대화를 대체하고 있다. 캠프파이어나 난롯가의 잡담을 번쩍이는 컴퓨터화면이 대체했으며, 이제 읽는 행위 그 자체만이 인간적 요소로 남게 되었다. 휴대폰 문자 메시지는 이보다 급속히 퍼졌다. 소리 없는 '텍스트 메시지(txt msg)'는 전화기의 조그만 화면에 인쇄되며 게다가 목소리 대화보다 훨씬 싸다. 세계의 젊은이들은 이에 열광한다. 인구가 조밀한 일본이나 대부분의 부유한 유럽에서는 하루 50번이나 그 이상 쓰기도 한다. (…) 이메일, 채팅, 그리고 휴대폰 문자 메시지 등이 구두 의사소통 보다는 읽기 의사소통을 강화할 것이다. 다양한 전자 '기록 쓰기'에 익숙한 젊은이들이 곧 성인이 되어, 보다 세련된 기술과 능력을 구사할 것이다. 이들이 코앞에 온 다음 세상의 읽기를 결정할 것이며, 그 어느 때보다 많은 읽기를 필요로 하는 세상이 될 것으로 보인다."[49]

이러한 분위기는 인쇄 테크놀로지가 주도한 변화와는 질적으로 다른 차원의 변화다. 저자와 텍스트에 권위를 부여하며 읽기/쓰기의 문화적 엘리트성을 확보하지 못한 나머지 것들은 경멸의 대상으로 취급하고, 일반 대중을 주변화 하는 데 충실했던 인쇄 시대는 반쪽짜리 소통의 시대였다. 하지만 현재 소위 후기 인쇄시대라 명명되는, 디지털 콘텐츠들이 범지구적 통신망으로 연결된 유비쿼터스 시대의 읽기/쓰기 문화 현상을 보자. 유튜브와 페이스북, 트윗 등 SNS에 올라오는 엄청나게 많은 수의 일기 혹은 논평, 정치적·사회적·문화적 패러디들, 자가 출판 소설과 시 그리고 에세이들, 대안적인 생활양식을 갖고 있는 사람들(디지털 보헤미안)의 자유로운 삶에 대한 이야기들, 주요한 웹로그에 달린 댓글을 통한 충고와 논평, 조언들, 심지어는 소소한 인스턴트 메시지들까지도 지구적 현상으로 데이터베이스화되고 링크되고 있다. 이런 변화들은 이미 벌어지고 있으며 그 세상에는 권위자도 엘리트도 없고, 격식도 양식도 없다. 다만 일상생활의 산문을 통한 다양한 열린 대화만이 존재하며 이는 그 어느 때보다도, 그 어느 콘텐츠보다도 대중 개개인에게 유의미하게 기능하고 있다.

이제 앙리 르페브르(Henri Lefebvre)가 이야기 한 '일상의 비참함과 위대함'의 저력이 발휘되는 시대가 도래한 것이다. "일상성의 가장 위대한 측면은 그 완강한 지속성"[50]이라며 "삶의 예술작품화"[51]를 평생의 주제로 삼았던 르페브르는 디지털 시대의 쓰기와 읽기가 어떻게 작품으로 승화되어야 하는지를 여실히 보여준다. "정신적으로 '작품'이라는 용어는 더 이상 예술적 사물을 가리키는 것이 아니라 자신을 알고, 자신을 이해하고, 자기 자신의 조건들을 재생산하고, 자신의 자연과 조건들(육체·욕망·시간·공간)을 전유하고, 스스로 자신의 작품이 되는 그러한 행위를 지칭한다."[52] 어째서 이토록 중요한 일상생활의 산문이 그동안 하찮게 취급되어 왔을까. 엘리트주의에서 벗어나지 못한, 오히려 그것을 강화한 인쇄문화가 우리 의식에 남긴 깊은 상처는 아닐까. "우리는 다른 사람의 실제적인 일상 담론, 그러나 우리에게는 중요한 그 일상 담론 속에서 극히 미미한 억양의 변화나 극히 경미한 목소리들의 움직임까지도 대단히 예민하게 포착해 낸다. [···] 이 모든 것이 이제껏 이론적 인식의 대상이 되거나 당연한 평가를 받지 못했다는 것은 얼마나 놀라운 일인가?"[53]라는 바흐친의 충고를 새겨 들여야 할 것이다. 바흐친의 말마따나 '진정한 인간 삶'에 유일하게 적합한 형식이 '끝없는 대화'라면, 그래서 우리는 우리의 삶과 그것을 둘러싼 모든 사회문화적 현상을 '종결 불가능'한 것으로 보고 끊임없이 이야기를 나누어야 한다면, 디지털 콘텐츠를 통해 그 꿈을 실현할 수 있을 것이다.

사실 우리는 처음으로 말하는 그 순간부터 필연적으로 '대화'를 배우기 시작한다. 바흐친의 개념으로는 '발화 장르'인데, 우리는 "문법을 학습하기 훨씬 전부터 유창하게 구사하는 모국어를 부여받은 것과 거의 같은 방식으로 이 발화 장르들을 부여받는다"[54]는 것이다. 우리가 언어를 안다는 것은 이 발화 장르들의 목록을 마음껏 활용한다는 뜻이며, 이는 단순히 '언어를 이해'하는 것 이상을 뜻한다. 그러니까 이러한 발화 장르는 인간의 사고, 인식, 소통 체계 등 '인간 존재를 둘러싼 문화를 기억'하는 방식의 중요한 일부분을 이루며, 많은 양의 '문화의 지혜'가 소통되는 통로라는 것이다. 이는 바흐친이 강조한 산문적이고, 정식화되지 않은, 고도로 구체적인 '일상생활의 지혜'를 말하는데, 그것을 식별하는 일이야말로 산문적 의식, 즉 '산문적 지성', '산문적 지혜' 그리고 '산문적 시각'을 갖는 것이다. 이것이 바로 우리의 핵심 주장인 '일상생활의 산문'에 가치를 부여해야 하는 중요한 이유이며, '디지텔링'이 그러한 발화적 기능을 십분 발휘하여 결국 현대 인류 문화의 기억과 지혜를 제대로 전달하고 소통시킬 것이라는 믿음의 기초이다.

5. 나가며 : 디지털 콘텐츠의 패러다임 혁명 '디지텔링'

특유의 휴머니티를 발휘해 디지털이 몰고 올 변화에 있어 '인간의 가능성'에 후한 점수를 준 디지털 전문가 네그로폰테(Negroponte)는 단언한다. "오늘날 어린이들은 인터넷에서 골목대장이 될 수 있는 기회를 얻고 있다. 인터넷에서 어린이들은 그들의 모습을 드러내지 않고서도 말할 수 있다. 아이러니하게 읽고 쓰는 것이 도움이 된다. 아이들은 인터넷에서 추상적이고 인위적인 연습을 완수하기 위해서가 아니라 소통을 하기 위해 읽고 쓴다. 이에 대한 나의 옹호가 반지성적이거나 추상적 사유에 대한 모함으로 받아들여져서는 안 된다. 오히려 그 반대이다. 인터넷은 지식과 의미를 발견하기 위해 뻗어나가는 새로운 매체이다."[55] 이들 세대에게 앞서 설명한 디지텔링의 철학은 삶의 바탕으로서, 일상의 예술작품화로서 중대한 패러다임으로 작동하게 될 것이다.

유사 이래 개개인의 일상적 읽기/쓰기가 이처럼 의미와 가치를 부여받은 시대는 없었다. 그야말로 혁명적으로 일상적 담론과 대화들이 증폭된 지금 이 시대의 '현대적', '디지털적' 읽기/쓰기 방식과 의사소통 수단을 통해 새로운 유형의 콘텐츠들이 창조되고 있는 것이다. 문명의 기초를 이루어낸 쓰기와 읽기가 이렇게 혁명적으로 변화하고 있는데 아무도 이에 대해 진지하게 연구하지 않는 것이 의아하다.(이는 후속 연구를 통해 웹을 구성하고 있는 다양한 디지텔링 현상을 구체적으로 분석해 보완할 부분이다.) 어떤 시절에도 이처럼 다양하고 풍족한 일상적 담론과 대화들이 사람들 사이에 오가고 기록되고 의미를 획득했던 적은 없었다. 하찮게 보였던 일상생활 차원의 것들이 보다 높은 차원으로 이동하고 있는 것이다. 이러한 현상은 반드시 주목되어야 하는 종류의 패러다임이다. 우리는 이러한 일상적·대중적·문화적 상황을 그저 기술적 토대에서 발발된 단순하고 일시적인 사회 현상적 차원에서가 아니라 학문적으로 깊이 있게 연구해야 할 것이다.

이에 우리는 일상생활의 산문이 단순히 사람들 사이에 오가는, 휘발되어 마땅한 하찮은 종류의 콘텐츠가 아니라 인류의 사고, 인식, 소통의 체계이며 그 자체로서 문화 창달에 유의미한 행위로서, 디지텔링의 '혁명적 일상성'이 재평가되어야 한다는 것을 살펴보았다. 결론적으로 디지털 세상에서 읽기와 쓰기 문화의 변화로 시작된 디지텔링은 콘텐츠의 개성과 다양성을 확보하는 수단이자 새로운 차원에서 디지털 콘텐츠 패러다임을 창조하여 제2의 문예 부흥으로 이어가야할 '읽기/쓰기를 토대로 구현된 대중문화 현상'인 것이다.

새로운 컴퓨팅 패러다임의 연구 방향과 그 가능성을 제시한 리오타르(Lyotard)는 "지식은 새로운 채널들에 맞출 수 있다. 그리고 그 지식은 배움을 많은 정보로 번역할 때에만 작동된다"[56]고 말한 바 있다. 이러한 패러다임 변화에 지침으로 삼아야 할 바흐친의 이야기를 들어보자. "시인은 삶의 비속한 산문성이 자신의 탓임을 기억해야 하며, 생활인은 예술의 불모성이 엄격한 요구를 제시할 줄 모르는 자신의 어설픔과 삶의 문제들에 대한 자신의 진지하지 못함 때문임을 깨달아야 한다."[57] 삶과 예술, 인간의 책임과 윤리가 하나가 될 것을 강조한 바흐친의 말마따나 우리 소시민들이 왜 디지텔링 현상에 진지하게 접근해야 하는지 그 필요를 절감하게 된다. 디지털 읽기/쓰기의 패러다임을 수용하면서 우리는 또한 바르트가 강조한 '언어의 유토피아'를 창달하는 배경을 확보할 수 있을지도 모른다. "시민 세계는 이제 하나의 진정한 고유한 자연을 형성하고, 이 자연은 말하고 있으며, 작가가 배제된 살아 있는 언어들을 만들어 내고 있다. […] 시민 세계의 구체적 보편성, 더 이상 신비롭거나 명목적이 아닌 그런 보편성을 넘어선 보편적 언어는 있을 수 없다는 것을 알고 있다."[58]

이러한 맥락에서 디지털 콘텐츠 문화에서 아직까지 새로운 패러다임을 세우지 못했다는 것은 어느 정도는 부끄러운 일이다. 인문주의적 테크노포피아가 그래왔듯이 아무 일도 일어나지 않은 척하는 것이 해결책이 될 수는 없다. 어쩌면 진정한 인간성과 존재 의미는 그 자체를 '평온한 비존재감'에서 발견할지도 모른다. 디지털 테크놀로지 철학자 피에르 레비(Pierre Levy)가 역설한 인류의 힘은 "서로 접속함으로써, 또한 자신의 집단지성과 구성원들의 개인적 감수성을 완성함으로써"[59] 확보되는 바, 개별 인간의 움직임으로서 확보되는 새로운 시대의 정신은 반드시 주목할 사건이다. 디지털은 지금 현재 주요한 삶의 방식으로 존재하고 있으며, 그런 만큼 현실과 가상 사이의 인간적 차별이 해소되는 세계에서 디지털 문화 현상을 표상하는 방식을 찾는 것은 지성인들의 과제다. 현대에서 미래로 넘어가는 인류의 삶을 구성하는 핵심 요소로서 고대로부터 물려받은 읽기와 쓰기의 본성이 디지털 콘텐츠를 통해 범시민적·민중적 힘을 발휘하게 되었기 때문이며, 이제야말로 대중은 디지텔링을 통해 그들만의 문화를 창달할 수 있게 되었기 때문이다.

주석

1 「글과 담쌓은 세대(상)」, 『조선일보』, 2010.11.1.

2 Vilem Flusser, Nancy Ann Roth(TRN), *Does Writing Have a Future?*, Univ. of Minnesota Press, 2011, 154~155쪽.

3 Michel Foucault, 이정우 옮김, 『담론의 질서』, 새길, 2011, 36쪽.

4 Michel Foucault, 이정우 옮김, 위의 책, 148쪽.

5 Steven Roger Fischer, *A History of Writing*, Reaktion Books, 2004, 56쪽.

6 Mikhail Bakhtin, 김희숙·박종소 옮김, 『말의 미학』, 길, 2006, 48쪽.

7 Mikhail Bakhtin, 김희숙·박종소 옮김, 위의 책, 425쪽.

8 Gary S. Morson & Caryl Emerson, *Mikhail Bakhtin: Creation of a Prosaics*, Stanford University Press, 1991, 93쪽.

9 Gary S. Morson & Caryl Emerson, 위의 책, 107쪽.

10 Steven Roger Fischer, *A History of Language*, Reaktion Books, 2003, 167~179쪽.

11 Steven Roger Fischer, *A History of Reading*, Univ. of Chicago Press, 2004, 20쪽.

12 Steven Roger Fischer, *A History of Reading*, 위의 책, 281쪽.

13 Walter J. Ong, *Orality and Literacy*, Taylor & Francis, 1988, 82쪽.

14 Lev Manovich, *The Language of New Media*, MIT Press, 2002, 123쪽.

15 Lev Manovich, 위의 책, 125쪽.

16 Walter J. Ong, 위의 책, 216쪽.

17 Jay David Bolter & Rich Grusin, *Remediation: Understanding New Media*, MIT Press, 1999, 19쪽.

18 Jay David Bolter, *Writing Space*, Routledge, 2001, 4쪽.

19 Lev Manovich, 위의 책, 286쪽.

20 Lev Manovich, 위의 책, 294쪽.

21 George P. Landow, *Hypertext 3.0*, Johns Hopkins University Press, 2006, 75쪽.

22 J. David Bolter, 위의 책, 66쪽.

23 김기태, 「새로운 패러다임 구축을 위한 '출판'의 재개념화 연구」, 『한국출판학연구』 제36권 제1호, 한국출판학회, 2010, 247~248쪽.

24 Marshal Mcluhan, *The Gutenberg Galaxy: The Making of Typographic Man*, University of Toronto Press, 1962, 198쪽.

25 J. David Bolter, 위의 책, 26쪽.

26 Steven Roger Fischer, 위의 책, 400쪽.

27 George P. Landow, 위의 책, 4쪽.

28 Michael Joyce, *Of Two Minds: Hypertext Pedagogy and Poetics*, Univ. of Michigan Press, 1995, 47쪽.

29 찰스 디킨스의 『위대한 유산』을 인터미디어와 스토리페이스를 사용하여 출간한 웹 프로젝트(단순 링크에서 나아간 보다 정교한 하이퍼텍스트)로 정보테크놀로지를 인문학에 접목시켜 화제가 되었다.

30 George P. Landow, 위의 책, 4쪽. 이는 수용자의 능동성에 관한 이야기로 들린다. 이를테면 과거 읽기에 몰입했던 대중을 텔레비전에 한 순간 빼앗겼던 텍스트는 하이퍼텍스트로 오면서 비로소 대중에게 능동적 권력을 부여하게 되었고, 결국 텔레비전이나 영화를 능가하게 되었다는 것이다.

31 George P. Landow, 위의 책, 4쪽.

32 Gary S. Morson & Caryl Emerson, 위의 책, 125쪽.

33 Gary S. Morson & Caryl Emerson, 위의 책, 88쪽.

34 Jacques Derrida, 김성도 옮김, 『그라마톨로지』, 민음사, 2010, 43쪽.

35 Jacques Derrida, 김성도 옮김, 위의 책, 58쪽.

36 Roland Barthes, 김희영 옮김, 『텍스트의 즐거움』, 동문선, 1997, 98쪽.

37 발자크의 소설 「사라진느」에 대한 비평서로서, 텍스트 부분 간의 권력관계를 주석을 다는 식으로 새롭게 논평한 책이다. 구조주의적 분석에서 해체 비평으로 넘어가는 바르트 연구사의 접점에 위치한다. Roland Barthes, 김웅권 옮김, 『S/Z』, 동문선, 2006.

38 Michel Foucault, 이정우 옮김, 『지식의 고고학』, 민음사, 2000, 77쪽.

39 Michel Foucault, 이정우 옮김, 위의 책, 62~78쪽 참조.

40 Gilles Deleuze & Felix Guattari, 김재인 옮김, 『천 개의 고원』, 새물결, 2001 참조.

41 George P. Landow, 위의 책, 183쪽.

42 George P. Landow, 위의 책, 188쪽.

43 Mikhail Bakhtin 외, 박인기 편역, 『작가란 무엇인가』, 지식산업사, 1997, 43~57쪽 참조.

44 Gary S. Morson & Caryl Emerson, 위의 책, 45~69쪽 참조.

45 Gary S. Morson & Caryl Emerson, 위의 책, 82쪽.

46 Gary S. Morson & Caryl Emerson, 위의 책, 83쪽.

47 Gary S. Morson & Caryl Emerson, 위의 책, 81쪽.

48 Steven Roger Fischer, 위의 책, 415쪽.

49 Steven Roger Fischer, 위의 책, 420~421쪽.

50 Henri Lefebvre, 박정자 옮김, 『현대 세계의 일상성』, 기파랑, 2005, 8쪽.

51 Henri Lefebvre, 박정자 옮김, 12쪽.

52 Henri Lefebvre, 박정자 옮김, 355쪽.

53 Gary S. Morson & Caryl Emerson, 위의 책, 82쪽.

54 Mikhail Bakhtin 외, 박인기 편역, 위의 책, 369쪽.

55 Nicholas Negroponte, *Being Digital*, A.Knopf, 1995, 201쪽.

56 Jean François Lyotard, 이현복 옮김, 『포스트모던적 조건』, 서광사, 1992, 87쪽.

57 Mikhail Bakhtin, 김희숙·박종소 옮김, 위의 책, 26쪽.

58 Roland Barthes, 김웅권 옮김, 『글쓰기의 영도』, 동문선, 2007, 77~78쪽.

59 Pierre Levy, World Philosophie, Odile Jacob, 2000, 240쪽.

5

문화콘텐츠의 원형 층위 분석

: '콩쥐팥쥐' 이야기를 중심으로

5

문화연구와 문화콘텐츠

문화콘텐츠의 원형 층위 분석
: '콩쥐팥쥐' 이야기를 중심으로

—
유제상

1. 들어가는 말: '맥락'에 따른 문화콘텐츠원형의 필요성

문화콘텐츠연구의 개념 생성과 더불어 '원형'(原型)이라는 용어는 끊임없이 문화콘텐츠와 엮여 사용되고 있다. 그간의 원형 논의는 "문화콘텐츠의 핵심소재가 되는 소스(source)인 원형"의 개념을 바탕으로 진행되었으며, 특히 소재론에 입각한 시각이 콘텐츠 업계에서 주류를 이루었다. 이러한 현상은 과거 한국문화콘텐츠진흥원(현 한국콘텐츠진흥원)이 진행한 '문화원형 사업'에서 그 정점을 이루었다. 문화원형 사업은 엄밀한 의미에서 원형의 '보존'보다는 '디지털화'에 초점이 맞춰져 있다. 따라서 사이트 혹은 데이터베이스 형태의 문화원형 결과물은 향후의 자유로운 활용을 위한 작업이 완전히 배제되었다고 보기는 어려우나,[1] 구현 상의 한계 등으로 인하여 시제품(prototype)에 가까운 형태로 구성되었다. 이는 원형이 지녀야 할 맥락(context)을 잃은 채, "보존을 넘어서는 유연한 활용"을 가로막는 결과로 작용하게 된다. 현재 문화콘텐츠와 관련된 많은 이들이 OSMU(원소스-멀티유즈)를 이야기하였고 혹자는 이를 넘어서는 MSMU(멀티소스-멀티유즈)를 이야기하지만, 다양한 활용의 근본이 되는 원형에 관한 논의는 아직까지 소재론적인 것에 머물러 있다.

따라서 나는 문화콘텐츠에서 이야기하는 원형에 '문화콘텐츠원형'이라는 새로운 개념을 부여하고, 원형과 문화원형, 문화콘텐츠원형 간의 상관관계를 분석함으로서 문화콘텐츠에 원형이 지니는 구체적인 의미를 탐구하려 한다. 이는 문화콘텐츠원형이라는 '신조어'를 만들어 혼란을 가중시키기 위한 작업이 아니다. 원형과 문화원형, 문화콘텐츠원형이 지니는 각각의 층위를 구별하고, 이를 명확히 정의하여 향후 콘텐츠 연구와 제작, 비평에 있어서 중심을 잡는 역할을 하려는 것이다.

2. 원형과 문화원형, 문화콘텐츠원형

문화콘텐츠원형이 무엇인지를 밝히기 위해서는 우선 원형과 문화원형의 개념을 밝혀야 한다. 원형과 문화원형의 개념은 다음과 같이 정의내릴 수 있다. 원형은 융(Carl Gustav Jung)에 의해 정리된 개념으로, 집단무의식에 근간을 둔다. 융은 인류에 내재한 선천적인 무의식에 의해 발현되는 행동양식이 원형이라 정의내린바 있다.[2] 반면, 문화원형은 자신이 속한 환경에 의하여 후천적으로 생성된 무의식에 기반한 것으로, 민족과 국가를 기반으로 한 원형의 한 갈래라 할 수 있다.

위의 정의에 기초했을 때, 원형과 문화원형은 적용되는 집단의 규모가 다르다는 수량적인 재단을 내릴 수 있을지도 모른다. 그러나 나는 이러한 단편적인 의견에 동조하고 싶지는 않다. 이는 문화원형 또한 특정 집단이 공유하는 공통분모에 기반하고 있다는 점에서 원형과의 유사점을 찾을 수 있기 때문이다. 예를 들면 다음과 같다. 희로애락 애오욕의 감정이나 행복한 삶에 대한 소망, 자기실현의 욕구, 아름다움에 대한 지향은 인류가 공통적으로 지니고 있는 정서이다. 그러나 감정을 불러일으키는 현상이나 행복의 기준, 자기실현의 형태나 미적가치는 그가 속한 지역이나 시대상황과 밀접한 관계를 맺고 있으며, 지역과 시대상황별로 미세한 '개별성'을 보이고 있다. 문화원형은 바로 이러한 '개별성'에 주목한 개념이라고 볼 수 있다.

문화원형이라는 용어의 의미에 먼저 주목한 김교빈의 경우, 1999년 제정된 「문화산업진흥기본법」에서 문화원형이라는 용어가 이미 등장함에 주목하여 원형에는 "이미 본래의 모습이 쉴 새 없이 다양하게 변한다는 인식과 함께 원형으로부터 갈라져 나온 다양한 모습의 존재를 인정하는 사고가 깔려 있다"[3]고 말한다. 문화가 인류 전통의 한 모습이며 전통이 지역이나 시대에 따라 다른 모습으로 나타난다는 점에서 볼 때 문화의 변화는 당연한 것임을 전제로, 문화원형을 찾는 작업은 마치 언어학에서 우리가 사용하는 여러 가지 단어들의 어원이 무엇이며 그로부터 나온 파생어가 무엇인지를 찾는 노력과 같다고 하여 문화원형을 찾는 작업을 '단어의 어원을 찾는 작업'에 비유하였다. 그가 제시한 문화원형의 필수 개념은 다음과 같다.

- 역사적 과정을 거쳐 변형된 모습으로 나타나기 이전의 본래 모습
- 여러 가지 다양한 모습으로 나타난 문화현상들의 공통분모로서의 전형성
- 지역 또는 민족 범주에서 그 민족이나 지역의 특징을 잘 드러내

는 정체성
- 다른 민족이나 지역의 문화와 구별되는 고유성
- 위의 요소들을 잘 간직한 전통문화[4]

이를 요약해 보면 전통문화 가운데 그 민족 또는 그 지역의 특징을 잘 담고 있어서 다른 지역, 다른 민족과 구별되며 아울러 여러 가지로 갈라진 현재형의 본디 모습에 해당하는 문화가 문화원형인 것이다. 이와 같은 이유로 그는 '글로벌문화원형'[5]이라고 하는 문화원형 사업의 구분에 대해서도 당위성을 제공하고 있다. 그는 문화원형이 "글로벌문화원형으로 나타나며 작게는 우리 민족의 문화원형으로 나타난다. 특히 이러한 모습은 발생 지역의 차이에도 불구하고 이야기의 구성, 주제 및 소재 등에서 공통적인 모습을 갖춘 형태를 보이는 점에서 잘 알 수 있다. 콩쥐팥쥐와 신데렐라 이야기, 꼭두각시놀이와 동남아시아의 인형극, 춘향전과 로미오와 줄리엣, 옹고집과 스쿠루지 영감 등의 유사성이 그 예이다. 뿐만 아니라 오늘날 문화산업에서의 세계적 상품으로 성공한 월트디즈니사의 애니메이션 인어공주, 피터팬, 뮬란, 피노키오 등이나 중국의 헐리우드 진출 영화 와호장룡, 황비홍, 소오강호 등은 글로벌 문화원형을 이용한 문화상품이 어떠한 보편성을 가지고 있는지를 잘 보여 준다"[6]고 언급하여 글로벌 문화원형이란 결국 "범지구적으로 공통분모를 지닌 문화원형의 활용방안"임을 이야기하고 있다. 마지막으로 그는 문화원형의 보편성과 더불어 특수성을 논의하면서 글로벌문화원형에 대비되는 '우리 문화원형'을 이야기한다. 그에 따르면 "'우리 문화원형'이란 대상의 가치를 민족단위로 특화시킨 것이다. 그 안에는 다른 민족과의 차별을 통한 주체성과 민족 구성원 사이의 공감대에 바탕을 둔 정체성이 담겨 있다"[7]고 언급하며 우리가 문화원형을 논의하는 궁극적인 목적은 우리 문화유산의 보존이기도 하지만 더불어 오늘날의 풍요로운 삶을 위한 산업적 활용 또한 함께 포괄하고 있음을 주장하였다.

송성욱의 경우 문화원형의 특성을 "국가 혹은 민족의 구성원이 의식적, 무의식적으로 공유하거나 공감하고 있는 물질적, 정신적 원형"[8]으로 언급하여 김교빈의 의견과 궤를 같이하고 있다. 이는 문화원형의 보편성과 특수성을 함께 고려한 것으로 '원형'이라는 특정 개념이 문화콘텐츠에서 어떻게 다루어져야 하는지에 대한 어느 정도의 의견 일치가 이루어졌다고 본다.

김기덕은 문화원형을 시간과 공간의 차원에서 분해하여 보았다. 그는 문화원형이 지닌 특수성과 보편성이란 층위를 도식화하여 다음과 같이 설명하였다. "'문화원형' 논의에서 공통적으로 지적하고 있는 것은 문화·문화원형은 역사적 과정 즉 시간 및 공간에 따라 변화될 수 있다는 점이다. 그렇다면 문화원형에는 다양한 범주가 있을 수 있다. 각각의 문화원형은 시간 및 공간을 달리하는 다른 다양한 범주의 문화원형과 비교하여 각기 보편성과 특수성을 아울러 갖고 있다. 보편성은 '원형'을 공유함에서 오는 것이며, 특수성이란 구성원 사이에 시간과 공간의 차이에 따라 타 구성원과 차별되는 주체성과 정체성이 될 것이다. 시간 및 공간에 따라 변화하는 문화원형의 다양한 범주를 '문화원형의 층위'로 표현하여 설명할 수 있을 것이다."[9]

지금까지 살펴본 선행연구를 정리하면 다음과 같다. 문화원형은 원형과 달리 지역적인 특성과 시대상황을 중요한 성립기반으로 삼는다. 그리고 이러한 특징은 동일성과 개별성의 관점에서 생각해 볼 수 있을 것이다. 원형은 전 인류에게 있어서 공통된 것으로 오로지 동일성만이 존재한다면, 문화원형은 지역적인 개별성에 기반한 다양한 특징을 이해하는 것으로 세부적인 개별성이 존재하기 마련이고, 이는 신화와 민담, 기타 해당 지역의 습속을 통하여 파악할 수 있다.

이러한 문화원형의 개념을 바탕으로 우리는 문화콘텐츠를 위한 원형을 생각해 볼 수 있다. 문화콘텐츠는 대중문화상품과 공적인 의미를 지닌 지식생산물, 그리고 미적인 가치를 지닌 결과물을 포괄하는 '문화생산물의 총체적인 개념'이고, 온오프라인을 아우르는 '기술적 생산물의 모든 것'이며, 유무형의 형질(形質)을 함께 다루는 '맥락상의 결과물'이기도 하다. 그러나 문화콘텐츠를 '글로벌 시대의 문화거래 대상'으로 그 범주를 한정한다면, 문화콘텐츠에서 차용하는 원형 개념도 주변부를 정리하고 그 외형을 재단할 필요가 있다. 이는 오늘날의 시대상황도 함께 고려해야 할 문제이다. 즉, 세계화의 한 가운데에서 문화콘텐츠의 '생산자'는 그 국적 혹은 속한 지역에 따라서 규정될 수 있을지 모른다. 그러나 문화콘텐츠에 담긴 온전한 의미의 '내용물'은 더 이상 그 국적을 나누는 것이 무의미하다. 이 내용물의 기획과 개발에는 보편성을 띠어 공통된 감성을 얻어내면서도, 세부적인 개별성을 담아 생동감을 부여하는 작업이 동시에 요구된다. '문화콘텐츠원형'은 바로 이러한 '맥락을 담은 원형'을 의미한다. 이는 여러 학자들이 비판한 바 있는 "문화콘텐츠 내의 문화소재주의"에 대한 저항이기도 하다. 일례로 이윤선은 "한국의 경우 (문화산업을) 문화콘텐츠산업이라고 부르는 것은 총체로서의 문화라기보다는 활용할 수 있는 낱개의 것들에 대한 재화적 가치를 은닉시킨 의미라고 볼 수 있기 때문"[10]이며 이는 결국 "한국의 경우, 문화적 가치를 문화산업 등에 활용되거나 응용할 수 있는 낱개의 요소로 보고 있음"[11]을 지적한 바 있다.

이상의 논의를 정리하면 다음과 같다. '원형'이 집단무의식을 바탕으로 인류가 지닌 절대적인 보편성을 이야기하고자 한다면, '문화원형'은 그럼에도 불구하고 시간과 공간을 통하여 보이는 특정한 범주가 지니는 미세한 개별성을 이야기하는 것이며, '문화콘텐츠원형'은 이러한 문화원형 중 ① 문화콘텐츠의 소재로 활용되기 용이하면서도 ② 원형으로부터 이어져 온 맥락성을 고스란히 간직한 것을 지칭하는 용어로 이야기할 수 있을 것이다. 따라서 본 연구자는 과거에 우리가 '(전통)문화원형'이라 부른 것들 중 개별적인 소재에 가까운 것들은 '문화콘텐츠원형'으로 바꾸어 부를 수 있지 않을까 생각한다. 이는 우리가 문화원형이라는 용어를 필요로 한 그 지점이 바로 보편성과 개별성 사이에 위치하는 '제3의 지역'이기 때문이다. 이곳은 (세계화에 있어서) 주류문화와 비주류문화의 중간지대이며, 세계화와 지역화의 중간지대이고, 상업성과 공공성의 중간지대이기도 하다. 연구자가 제1장에서 밝힌 본고의 목적이 바로 여기에 있다. 원형과 문화원형의 개념은 다양하게 정의될 수 있으며 그 정의가 지니는 의미 또한 각각 존재할 수 있다. 그러나 문화콘텐츠가 지니고 있는 원형적 의미의 맥락을 충분히 반영하지 못할 경우, 원형의 의미와 그에 대한 해석은 어느 누구도 바라지 않았던 "소재주의 일색의 이야기"들로 점철될 가능성이 높으므로 이에 주의해야 한다.

3. '콩쥐팥쥐' 이야기를 통한 원형 층위 분석

문화콘텐츠원형이 문화콘텐츠 생성에 있어서 중요한 역할을 하는 것은 단순히 고갈되어 있는 문화콘텐츠에 새로운 소재를 부여하는 것에 그치지 않는다. 이는 문화콘텐츠원형이 '보편성'을 내포하고 있기 때문이다. 여기서 주의할 것은 문화콘텐츠원형에 보편성만이 절대적인 그 특질은 아니라는 것이다. 문화콘텐츠원형의 상위 개념이라 할 수 있는 문화원형이 그러하듯이, 문화콘텐츠원형은 지역적인 그리고 시대적인 '개별성'을 내포하고 있다. 다만, 이 글에서 보편성을 우선 정리하려는 것은, 보편성을 통하여 문화콘텐츠원형의 필요성을 이야기하고 예시를 전개하기 위해 택한 '전략적 선택'에 다름 아니다. 즉, 문화콘텐츠원형의 보편성을 검토하는 것은 향후 문화콘텐츠원형의 개별성을 이야기하고, 그 개별성을 넘어서는 합일점을 찾기 위한 첫 단계로 기능할 것이다. 본 연구에서는 문화콘텐츠원형의 보편성을 내포한 대표적인 예시라 할 수 있는 '콩쥐팥쥐' 이야기를 예로 들어 설명하고자 한다. 이야기가 오랜 세월 동안 생명력을 유지할 수 있었던 이유 가운데 한 가지는 시공을 초월한 보편성 때문이다.[12] 따라서 '신데렐라' 이야기[13] 중 하나이며, 우리에게 친숙한 이야기인 '콩쥐팥쥐' 이야기는 원형과 문화원형, 문화콘텐츠원형의 층위를 구분하는 데 있어서 매우 효율적인 예가 될 것이다.

'신데렐라' 이야기는 세계적으로 분포되어 있는 민담이다. 세계적인 분포를 보인다고 하는 사실은 이집트에서부터 시작해서 켈트족의 독일과 프랑스 지역, 터키와 페르시아, 중국과 일본 및 한국, 그리고 아메리카 인디언들의 지역까지 그 전승범위가 광범위하다는 데서 찾을 수 있다. 아울러 '신데렐라' 이야기는 역사적으로 9세기부터 등장해서 현재까지도 줄기차게 전승되는 이야기이다.[14] 이러한 '신데렐라' 이야기의 보편적 분포와 전승에 관해서는 해명 가설이 몇 가지가 있는데, 종래의 연구 가설을 정리하면 다음과 같다.

(가) 특정 지역의 이야기가 다른 지역으로 전파되고 확장된 결과

이다.

(나) 독립적으로 발생한 이야기가 동일한 형태를 취한 결과이다.

(다) 특정시기의 산물인 신화적 사고의 파편이 여러 지역에 잔존하면서 오늘날까지 남아 있는 결과이다.[15]

(가)는 설화, 특히 민담만을 대상으로 해서 인도유럽어족의 언어학적 가설에 입각해서 표명된 가설로 특정 지역의 '신데렐라' 이야기가 '어떠한 계기'에 입각해서 전파되고 확장된 결과가 오늘날의 이 이야기 전승과 분포를 보인 것이라고 보는 견해이다. 반면 (나)는 특정한 계기에 따라서 각 지역의 이야기가 공통점이 생겼을 가능성이 있으므로 이에 대한 시기적 상정이 요청된다는 특징을 지니고 있다. 그리고 (다)는 (가)와 (나)의 절충안으로 "신화적 사고의 파편"이라 할 수 있는 원형이 여러 지역에 잔존해 있음을 이야기하여 원형과 문화원형의 층위 모두를 인정하는 견해라 할 수 있다.[16] 특히 (다)는 '신데렐라' 이야기가 신화적 사고에 따른 '보편성'을 확보함과 동시에, 각 지역에서의 잔존을 통하여 '개별성'을 확보하고 있다는 단초를 제공해 주는 의견으로 해석될 수 있다.

그렇다면 원형적이고 신화적인 사고가 담긴 '신데렐라' 이야기에 어떠한 '특징적 요소'들을 확인할 수 있는지 살펴보자. 345편의 신데렐라 이야기를 연구한 신데렐라 연구의 개척자인 콕스(Marian Roalfe Cox)는 신데렐라 이야기에서 가장 중요한 요소로 '구박을 받는 주인공'과 '신발로 인해 주인공이 밝혀짐'의 두 가지를 들고 있다.[17] 이 두 가지 요소를 어떻게 풀어나가느냐에 따라 이야기가 미묘하게 달라지는데, 제임슨(R.D. Jameson)은 콕스가 제시한 두 가지 핵심 요소를 바탕으로 하여 '신데렐라' 이야기의 구조를 다음과 같이 다섯 단계로

나누어 설명하였다.[18]

① 구박받는 여아
② 힘든 일(또는 과제)
③ 왕자를 만남
④ 주인공이 밝혀짐
⑤ 왕자와 결혼

이를 '신데렐라' 이야기라고 하는 보편적인 이야기의 '원형(적인 서사)구조'라고 가정한다면, '신데렐라' 이야기의 지역 개별적이고 '문화원형'적인 예인 '콩쥐팥쥐' 이야기와 비교하여 원형과 문화원형의 '범주 차이'를 비교하는 것 또한 가능할 것이다. '콩쥐팥쥐' 이야기를 전술한 '신데렐라' 이야기의 서사구조와 마찬가지로 간략히 정리하면 다음과 같다.[19]

① 계모의 박해
② 콩쥐의 고난
③ 계모의 과제와 조력자의 도움
④ 주인공이 밝혀짐
⑤ 콩쥐의 결혼
⑥ 팥쥐 모녀의 흉계
⑦ 콩쥐의 죽음
⑧ 재회
⑨ 팥쥐 모녀에 대한 징벌

두 이야기의 서사구조를 비교해보면, 내용적으로 '신데렐라' 이야기는 구혼자가 출현하는 대목에 중점을 두고 있으나, 콩쥐 팥쥐의 경우는 결혼 후의 사건을 중심으로 전반부와 후반부가 상보하면서 연속되는 이야기라는 느낌을 준다. 여기서 '신데렐라' 이야기는 본래 결혼편이 중심이야기였던 것을 알게 되며 계모편은 각색된 모티브 같은 인상을 받게 된다.[20] '콩쥐팥쥐' 이야기가 채록된 것이 20세기 이후의 일임을 감안할 때, 우리는 전승과정을 거치면서 기존의 '콩쥐팥쥐' 이야기에 ⑥번 이후의 사건들이 추가되었음을 짐작할 수 있다. 뒷이야기가 추가된 것에 대해서는 여러 가지 의미를 찾을 수 있을 것이다. 콩쥐와 팥쥐는 시종일관 갈등관계에 있고 성격도 극단적으로 다르지만 이름이나 인물관계에는 "하나다"라는 의미가 함축되어 있으며, 한 인물의 서로 다른 인격에 관한 은유로 이를 파악할 수도 있다.[21] 이 해석에 따르면 팥쥐는 콩쥐의 그림자이며, 원시적 성향의 이드(id)로서, 콩쥐가 성숙한 삶을 영위하기 위해서는 반드시 상실되어야 할 콩쥐의 열등한 인격이다.[22] 이후 콩쥐는 물에 빠져 죽고, 불에 타 재가 되는 과정을 거치며 팥쥐를 '단절'하여, 주체화 과정을 완수하게 된다. 이와 같이 새로운 서사구조가 추가되어 그 뒷이야기가 붙게 되자 조력자의 도움을 받는 수동적인 '신데렐라' 이야기는 죽음을 통한 자아성찰과 합일의 경지를 이야기하는 '콩쥐팥쥐' 이야기로 바뀌게 된다. 동일한 원형에 기인하면서도 지역과 시대상에 영향을 받아 생성되는 '미묘한 차이'가 바로 원형과 문화원형의 구분점이라 할 수 있다.

이처럼 원형과 문화원형의 구분이 가능하다면, 문화원형 내에서 문화콘텐츠로 활용 가능한 범주를 추출해내는 일 또한 가능할 것이다. 즉, 문화원형인 '콩쥐팥쥐'에서 문화콘텐츠로 활용 가능한 '문화콘텐츠원형'을 찾는 작업 말이다. 이는 우리가 원형사업을 통하여 비판했던 '문화콘텐츠 내의 문화소재주의'와 일견 유사해 보인다. 그러나 원형과 문화원형의 개념을 전술한 바와 같이 정리할 수 있다면, 문화콘텐츠원형 또한 이러한 원형 층위 분석의 맥락에 함께 있음을 고려해야 한다.

만약 '콩쥐팥쥐' 이야기를 주제로 하는 테마파크(theme park)를 조성한다고 가정하자. 해당 테마파크에는 '콩쥐팥쥐' 이야기의 특성을 특정한 행위나 공간에 부여한 '문화콘텐츠적 요소'가 있을 것이다. 일례로 콩쥐의 산비탈, 팥쥐의 모래밭, 콩쥐가 휴식한 상탕, 중탕, 하탕, 밑 빠진 독을 채우는 상황, 우물 등이 실체적인 '콩쥐팥쥐' 콘텐츠의 요소가 될 수 있다.[23] 여기에 전라북도 완주군 이서면 은교리 앵곡마을이라는 공간적, 지리적 정황이 이러한 '콩쥐팥쥐' 콘텐츠를 만들기 위한 모티프 중 하나로 작용할 수 있을 것이다. 그러나 이러한 문화콘텐츠의 요소를 단순히 '소재'로만 가지고 간다면, '콩쥐팥쥐'가 지니고 있는 원형적, 문화원형적 의미를 모두 잃어버리게 될 것이다. '콩쥐팥쥐'는 원형으로서 조력자의 도움을 받아 시련을 극복하여 결혼에 성공하는 이야기이자, 문화원형으로서 불의의 죽음을 당하지만 결국 이를 '하나의 자신'으로 인도하는 계기를 만드는 이야기이기도 하다. 이러한 맥락이 고려되지 않은 채 단순히 '독 채우기'와 같은 요소를 체험 콘텐츠로 제시한다면, 테마파크로서 지녀야 할 고유의 정체성을 잃어버리게 될 것이며, 테마파크 이용자의 호응도 얻기 어렵게 될 것이다.

이는 "맥락을 잃지 않는" 문화콘텐츠원형만이 문화콘텐츠 창조성을 담보할 수 있다는 의미이기도 하다. "사용자와 최종적으로 대면하는 콘텐츠"(end-contents)에 외적으로 드러나 보이는 미세한 요소 속에는 그 근본을 이루는 '원형적인 요소'와 '문화원형적인 요소'가 함께 살아 숨 쉬고 있다. 이점을 문화콘텐츠 창작자가 염두에 두지 않는다면, 단편적인 소재만을 취해서 기존의 결과물이 지니고 있는 특성을 고스란히 답습하는 문화콘텐츠만 만들어낼 것이다. 즉, 새로운 문화콘텐츠를 기획하고 제작함에 있어서 '원형—문화원형—소재로서의 문화콘텐츠원형'의 흐름을 이해하여 그 층위를 자유롭게 오갈 수 있는 창작자로서의 개념 정립이 요구된다. 전술한 내역을 정리한 것이 바로 [그림1]이다. 그림의 한 가운데에는 원형이 위치하고 있으며, 이를 중심으로 각 문화원형이 걸쳐있다. 그리고 문화콘텐츠의 직접적인 소재가 되는 문화콘텐츠원형이 문화원형 내에 촘촘히 분포되어 있는 것이다.

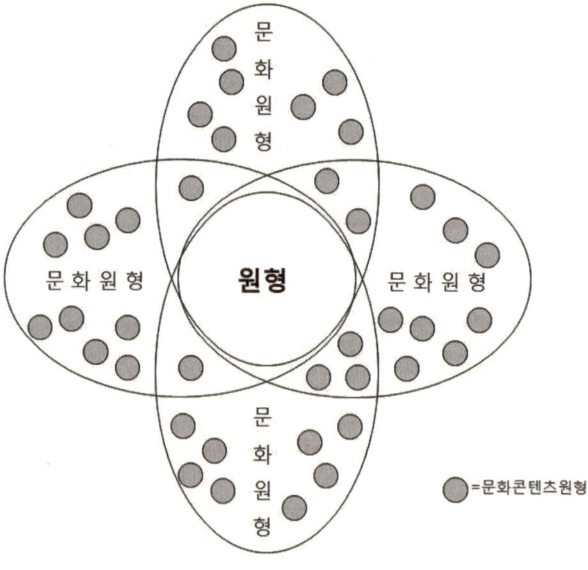

[그림1] 원형—문화원형—문화콘텐츠원형

'신데렐라' 이야기라는 '원형'만 활용해서는 모두가 숱하게 봐온 통속적이고 앞이 뻔히 읽히는 지루한 콘텐츠를 만들어낼 수밖에 없을 것이다. 반대로 독 채우기나 신발 주인 찾기 같은 '문화콘텐츠원형'만을 소재로서 "맥락 없이" 적용한다면, 그것이 지닌 의미를 충분히 전달하지 못할 것이다. 이 둘 사이에는 '콩쥐팥쥐' 이야기라는 '문화원형'이 존재함을 이해해야 한다. 이러한 이해를 바탕으로 문화콘텐츠 연구·제작·비평가는 '신데렐라 원형'이 '왕자의 신발 주인 찾기'라는 소재로 넘어오게 된 '맥락'을 알게 된다. 맥락을 알게 되면 자신이 연구하고자 하는, 혹은 만들고자 하는 원형이 들려주고픈 '다양한 이야기'에 귀를 기울일 수 있게 되며 이는 곧 상상력의 문제와 직결된다. 결국 "소재의 맥락을 읽어내어 풍부한 상상력을 가동"토록 하는 것이 원형—문화원형—문화콘텐츠원형의 층위를 나누는 가장 큰 이유라 할 수 있다.

4. 맺는 말: 창조 동력으로서의 원형 층위

이상으로 원형과 문화원형, 문화콘텐츠원형의 층위 구분과 더불어 그 의미에 관하여 알아보았다. 향후 원형과 문화원형, 문화콘텐츠원형의 개념정립을 위하여, 면밀한 검토를 바탕으로 한 구체적인 사례분석 및 공통점 추출이 뒤따라야 할 것이다. 물론 그러한 후속연구는 사례분석만으로 그쳐서는 안 된다. 이 모든 연구는 상상력을 풍부하게 하기 위하여 각 문화 사이의 거리 — 문화세차(文化細差) — 를 파악하는 과정으로 이해되어야 한다. 이것은 글로컬라이제이션(glocalization)이라고 하는 새로운 문화의 화두와도 통하는 면이 있다. 이는 결국 맥락을 이해한 상태에서의 문화콘텐츠원형이 "영속성과 변화 사이의 연결 관계를 파악하는"[24] 문화의 '창조 동력'으로 작동되어야 함을 의미한다. 즉, 원형과 문화원형, 문화콘텐츠원형에 관한 일련의 원형 층위 분석은 문화콘텐츠에 '창조성'이라는 "오래되지만 새로운" 생명력을 불어넣는 것으로 귀결되어야 할 것이다

주석

1 이야기소스를 위한 스토리뱅크(story bank), 디자인 작업을 위한 ai 파일 변환이 그 예가 될 수 있을 것이다.

2 Carl G. Jung, 한국융연구원 C.G.융저작번역위원회 옮김, 『융 기본저작집 2: 원형과 무의식』, 솔출판사, 2002, 106~107쪽 참조.

3 김교빈, 「문화원형의 개념과 활용」, 『인문콘텐츠』 제6집, 인문콘텐츠학회, 2005, 11쪽.

4 김교빈, 위의 글, 11~12쪽.

5 글로벌문화원형은 과거 한국문화콘텐츠진흥원의 문화원형 사업에 있어서 해외의 문화원형 소재를 사용한 사업단위의 총칭으로, 이 경우 한국문화콘텐츠진흥원에서 정의내린 문화원형은 "신화, 전설에서부터 과학, 기술은 물론 선사시대부터 현대에 이르는 오랜 역사 속에서 형성된 우리 민족 문화의 모든 것 또는 현대적으로 재해석 한 것"을 의미한다.

6 김교빈, 위의 글, 14쪽.

7 김교빈, 위의 글, 14쪽.

8 송성욱, 「문화콘텐츠 창작소재와 문화원형」, 『인문콘텐츠』 제6집, 인문콘텐츠학회, 2005, 83쪽.

9 김기덕, 「문화원형의 층위(層位)와 새로운 원형 개념」, 『인문콘텐츠』 제6집, 인문콘텐츠학회, 2005, 57쪽.

10 이윤선, 「전통문화유산의 지역문화콘텐츠 활용에 대한 고찰」, 『한국민속

학』 제49호, 한국민속학회, 2009, 362쪽.

11 이윤선, 위의 글, 363쪽.

12 노제운, 「한국 전래동화의 원형과 변용에 관한 연구」, 『어문논집』 제59권, 민족어문학회, 2009, 44쪽 참조.

13 이 글에서 말하는 '신데렐라' 이야기는 서양동화로서 「신데렐라」만을 지칭하는 것이 아닌, '신데렐라' 원형을 포함하고 있는 모든 이야기를 총칭하는 용어이다.

14 김헌선·최장운, 「신데렐라와 콩쥐팥쥐 이야기의 비교 연구」, 『인문논총』 제12호, 경기대 인문과학연구소, 2004, 259~260쪽 참조.

15 김헌선·최장운, 위의 글, 261쪽.

16 위의 글, 262쪽 참조.

17 Cox, M. R., *Cinderella: Three Hundred and Forty-five Variants of Cinderella, Catskin and, Cap O'Rushes*, London: The Folk-lore Society, 1893.

18 Jameson, R. D., *Three Lsctures on Chines Folklore*, Pecking: College of Chinese Studies, 1932. 이는 Aarne,A.&Thompson,S.가 제시한 '신데렐라' 이야기의 기본 형식과도 거의 일치한다. 다만 두 번째 항목이 '힘든 일(또는 과제)'이 아닌 '조력자'로 제시된 측면에서 다소 차이를 보이고 있다. 이관일, 「콩쥐 팥쥐 이야기 재고」, 『겨레어문학』 제6권, 겨레어문학회, 1972, 29쪽 참조.

19 '콩쥐팥쥐' 이야기의 서사구조는 이관일, 위의 글, 27쪽; 노제운, 위의 글, 54~56쪽 참조. 특히 노제운은 '콩쥐팥쥐' 이야기의 기본 서사구조를 추출하기 위하여 다음의 출처를 참조하였다.

출처	이야기명칭	채집지역	채집 연도
한국정신문화연구원, 『한국구비문학대계』, 한국정신문화연구원, 2002	콩쥐 팥쥐(1-4)	경기 남양주군 진접면	1980
	콩쥐 팥쥐(1-9)	경기 용인군 이동면	1982
	콩쥐 팥쥐(1-9)	경기 용인군 원삼면	1982
	콩쥐 팥쥐(5-1)	전북 남원군 송동면	1979
	콩쥐 팥쥐(5-1)	전북 남원군 산동면	1979
	콩조지 팥조지(5-2)	전북 완주군 고산면	1980
	팥조시와 계모(7-6)	경북 영덕군 창수면	1980
	콩남이와 팥남이(7-16)	경북 선산군 고아면	1984
	콩쥐 팥쥐(8-8)	경남 밀양군 삼랑진읍	1981
임석재, 『한국구전설화』, 평민사, 1993	콩쥐와 팥쥐	전남	1927
	콩쥐 팥쥐	전북	1918/ 1923
	콩쥐 팥쥐	경남	1927
	콩쥐 팥쥐	경남	1973
	콩쥐 팥쥐	경남	1971
	콩쥐 팥쥐	평북	1935/ 1936/ 1938
진성기, 『남국의 전설』, 박문사, 1964	콩쟁이 팥쟁이	-	1958
임동권, 『한국의 민담』, 서문당, 1972	콩례와 팥례	-	1956
문화공보부 문화재관리국, 『한국민속종합조사보고서』 제1책~12책, 1969~1981	콩쥐 팥쥐와 호랑이(제4책)	경북	1972
	콩쟁이 팥쟁이(제5책)	제주	1971
	콩쟁이 폴쟁이(제5책)	제주	1971
최남선, 『육당 최남선 전집9』, 현암사, 1974	콩쥐 팥쥐	-	1929
김기창, 이복규, 『분단이후 북한의 구전설화집』, 민속원, 2005	콩쥐와 팥쥐	-	2002

20 이관일, 위의 글, 30쪽.

21 노제운, 위의 글, 70쪽 참조.

22 노제운, 위의 글, 71쪽 참조.

23 신상섭 외, 「콩쥐팥쥐 동화마을 기본계획」, 『한국전통조경학회지』 제25권 제1호, 한국전통조경학회, 2007, 85쪽 참조.

24 Lucian Boia, 김웅권 옮김, 『상상력의 세계사』, 동문선, 2000, 115쪽.

6

서촌의 문화론, 마을 만들기를 향한 두 가지 관점
: '서촌'과 '세종마을', 마을 명칭 논쟁을 중심으로

문화연구와
문화콘텐츠

6

서촌의 문화론, 마을 만들기를 향한 두 가지 관점
: '서촌'과 '세종마을', 마을 명칭 논쟁을 중심으로

송희영

1. 들어가는 말

이 글은 '역사문화도시 서울의 브랜드 강화'를 목적으로 계획된 서울시 도시재생 정책의 영향력 아래 '마을 만들기' 사업이 추진되고 있는 서촌(西村)의 문화 탐색을 목적으로 기술되었다. '서촌'은 인왕산 동쪽과 경복궁 서쪽 사이에 위치한 마을, 즉 서울 지하철 3호선 경복궁역에 접해 있는 종로구 체부동·궁정동·누상동·누하동·옥인동·창성동·통인동·필운동·내자동·통의동·사직동·신교동·청운효자동 지역을 일컫는 별칭이다([그림1] 서촌 지역 지도 참조). 북촌과 함께 서울에 몇 남지 않은 한옥 밀집 지역으로 잘 알려진 곳이지만 북촌이 조선시대 사대부들의 고급주택가였던 특징을 살려 서울의 대표적 전통 한옥마을의 명성을 선점해 온 데 비해 서촌은 오랫동안 서민들의 평범한 주거지로서만 인식되어 온 곳이다. 그러나 지난 2010년 6월부터 서촌 일대를 한옥 밀집 지역이라는 지역 특성을 살린 문화 마을로 조성하기 위한 '경복궁 서측 문화보전지구 사업'이 본격적으로 시행되면서 서촌은 현재 '낙후된 옛날 동네'에서 외지인들의 내방을 받는 '도심 속 문화관광지'로 급격한 전환기를 맞이하고 있다.

가시적으로 확인되는 변화 현상 몇 가지를 예를 들자면 먼저, 평소 동네 주민들만 왕래하던 주택가 골목길과 재래시장을 찾는 방문객들이(종종 다수의 외국인을 포함한) 자주 눈에 띠고 있다. 또한 한옥을 개조하여 들어선 예술공방, 장신구 가게, 갤러리를 비롯하여 독특한 인테리어로 단장한 커피전문점, 음식점이 점차 늘어나는 등 마을의 외관이 예전과 현저히 다른 모습을 하고 있다. 뿐만 아니라 지역의 문화유적지를 포함한 공방, 커피숍, 갤러리, 재래시장 등 주요 방문지가 표기된 지역의 문화 지도가 유인물로 배포되고 있으며 서촌을 다룬 언론사별 기사노출 빈도가 빠른 속도로 높아가고 있다. 이와 함께 온라인 상에서 확인되는 서촌 관련 블로거 개설 수와 일반인들의 포스팅 회수도 지속적으로 증가하는 등 서촌에 대한 사회적 관심이 날로 높아가고 있다.[2]

지난 2011년 5월, 이와 같은 마을의 주거 환경 변화 과정에서 지역 구성원들 간에 마을 만들기의 지향점에 대한 담론을 생성시킨 흥미로운 사건이 발생하였다. 이른바, '서촌'이라 불리는 지역의 현재 명칭을 '세종마을'이라 부르기로 한다는 '세종마을선포식'이 그것이다.[3]

관할구청의 지지를 받은 한 주민단체가 주도한 이 행사는 지역구 국회의원과 구청장, 시·구의회 의원 등 지자체 지도층인사들이 총출동한 가운데 전통공연을 병행하며 성대히 치러졌으나 한편 지역사회에 적잖은 파장을 던져주었다. 대다수의 주민들이 그 연유와 배경을 알지 못한 채 선포식을 통해 마을 명칭 변경 소식을 접하게 된 때문이다. 이 사건은 본 연구자에게 '마을 만들기'의 궁극적인 목적과 취지는 무엇이며, 그 주체는 누구여야 하는가, 즉 정책 수립자들인 정치 권력층에게 부여된 특권인가, 아니면 그곳에서 삶의 터전을 잡고 살아가는 주민들의 자율적인 활동으로 이루어져야 하는가 등과 같은 의문과 함께, 마을 이름을 둘러싼 계층 간의 대립구도 속에서 읽혀지는 '마을 가꾸기'[4] 사업의 의미와 지향점 설정에 대한 논제를 제공해 주었다.

이와 관련하여 이 글은 먼저 "낙후된 주거 환경 개선을 통한 삶의 질 향상"을 목표로 수립된 마을 만들기 추진 과정에서 지역 구성원들 사이에 발생한 '서촌'과 '세종마을' 마을 명칭 논쟁을 중점적으로 탐색하고, 그 논쟁 속에 반영된 지역 구성원들의 문화에 대한 인식의 차이를 논하고자 한다. 그 결과 도출되어진 시사점을 바탕으로 한옥밀집지역으로 상징되는 서촌만의 고유한 문화자원은 어떤 것들이 있는지 찾아보면서 역사문화공간 서촌의 위상정립을 통한 바람직한 마을 만들기의 지향점을 제안해 보고자 한다.

2. '마을 만들기'와 문화 연구

(1) '마을 만들기'의 개념과 의미

본론에 앞서, '마을 만들기'에 대한 개념을 먼저 살펴보기로 하겠다. '마을 만들기' 라는 용어가 우리나라에서 사회적 이슈로 등장하게 된 시기는 지방자치제가 실시된 1995년 이후부터이다. '마을 만들기'는 지방자치제 확산과 더불어 지역 주민의 건강, 복지, 문화, 교육, 그리고 지역의 문화 정체성 확립 및 지역 활성화에 이르는 광범위한 분야로 확대되어 지역 주민을 위한 실질적인 문화, 행정, 환경 개선을 위한 정책의 하나로 활용되고 있다.

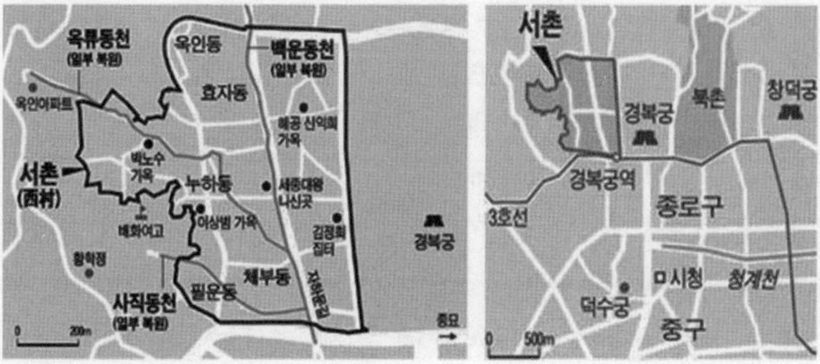

[그림1] 서촌 지역 지도

사실 역사적으로 우리 한국 사회에서 '마을 만들기'를 논할 때 1970년대에 이미 새마을운동이 존재하였음을 거론하지 않을 수 없다. 그러나 새마을운동이 경제개발 시대 강력한 정부주도 하에 추진된 정부 주도형 마을 만들기 운동이었다면 '마을 만들기'는 주민들의 자발적인 의지와 공동협력으로 자신들의 생활환경을 발전시켜 나가는 자율적이고 능동적인 활동이라는 점에서 새마을운동과 마을 만들기의 차이점을 규정할 수 있다.[5]

'마을 만들기'가 추구하는 바는 '마을 만들기'라는 뜻 풀이를 통해 좀 더 뚜렷이 이해할 수 있다. '마을 만들기'는 '마을'과 '만들기'의 합성어이다. '마을'은 지역 주민 모두가 공유하는 공공의 장, 혹은 공동으로 활용할 수 있는 장을 의미하며, '만들기'는 어떤 재료를 가지고, 도구를 이용하여 무언가를 가꾸고 창조하거나, 없던 그 무엇을 새롭게 이뤄내는 행위를 의미한다. 마을 만들기 이론가이자 요코하마 도시만들기 프로젝트 기획자인 다무라 아키라(田村明)는 '만들기'라는 단어는 "토목, 건축과 같은 물적 정비 뿐 아니라 마음이나 시스템을 지칭하는 소프트웨어적인 개념까지 포괄해야 한다"고 말한다.[6] 즉 이를 종합해서 말하자면 '마을 만들기'는 "일정한 지역에 사는 사람들이 자신들의 생활을 주도적으로 살아가며 보다 나은 환경을 위해 공동의 장을 만들어가는 방식"을 의미한다.[7] 정석은 마을 만들기의 개념을 '삶의 터 가꾸기', '공동체 가꾸기', '사람 만들기' 등 세 가지로 소개하였다. 그에 따르면 첫째, '삶의 터 가꾸기'란 삶의 질을 향상시키는데 필요한 공간과 시설, 장소를 개선하여 주변 생활환경을 가꾸는 것이요, 둘째 '공동체 이루기'는 마을 공동체의 조직을 이루어 지역의 공동 관심사와 문제를 함께 고민하고 풀어가고 개선해 가는 의사소통 체계를 갖추는 일이다. 마지막으로 '사람 만들기'는 마을 공동의 문제에 관심을 갖고 이웃과 더불어 공동의 문제를 해결하는 책임감 있는 지역의 일꾼, 즉 인력을 기르고 보유하는 일이다. 그러므로 '마을 만들기'는 마을, 곧 특정 지역사회에 소속된 주민들이 모여 의사소통 시스템을 갖추고 마을의 공동 관심사를 토론하고, 협력하고, 교류하고, 해결 과제를 머리를 맞대고 공동으로 대처해 나가며, 마을의 비전을 가꾸어 나가는 발전적인 행위, 또는 그 활동 과정으로 정리할 수 있다.[8]

송경희는 예술촌을 테마로 한 지역의 마을 만들기 연구를 예로 들어, 마을 만들기 활동이 지향하여야 할 중요한 역할로서 '개발논리에의 저항과 인간주의의 회복'과 '주민이 주체가 되는 마을 만들기'를 제안한다. 첫 번째 개발 논리에의 저항과 인간주의의 회복이란 마을 만들기 사업을 산업화, 도시화로 대표되는 개발논리의 폐해에 대한 대안으로 제시하면서 지역 구성원들의 공존과 공생, 공익을 위한 이념 공유와 네트워킹을 통한 창의적 문제 해결에 기여해야 한다는 점을 강조한다. 두 번째는 마을 만들기의 유형을 논한 것으로서, 마을 만들기는 행동주체에 따라 국가주도형, 지자체주도형, 주민주도형 등

세 가지 유형 분류가 가능하나 이중에서 주민들이 중심이 되어 주민들 간의 활발한 상호 교류와 참여를 독려하는 주민주도형이 가장 바람직한 것으로 제안한다.[9]

한편, 마을 만들기의 개념과 관련하여 본 연구자는 '마을'이 지칭하는 특정 공간, 즉 장소에 내포된 의미, 달리 말해서 '장소성'(placeness)에서 마을 만들기의 본질적인 의미를 찾아 보고자한다. 장소성이란 타 장소와 차별되는 한 장소만이 보유한 고유의 특성을 일컫는 것으로 공동체의 구성원들 간의 집단적 경험 공유를 통해 형성되는 특징이 있다.[10] 도시 공간 연구자인 최병두는 이에 덧붙여 장소는 "함께 살아가는 사람들이 경험을 공유하는 가운데 공동의 정체성을 형성하는 장"이라 정의한다.[11]

또한 장소에는 공간상에 분포하는 물리적 요소 뿐 아니라 장소에 대한 개인의 기억과 애정과 같은 정서적 요소가 결합된 장소감(sense of place)이 존재하는 특징이 있다. 그렇기 때문에 백선혜는 장소(지역) 개발 사업 수행시 물리적 요소에 대한 투자 뿐 아니라 장소감과 같은 정서적 부분을 중요하게 다뤄야 할 것이라 주장한다.[12]

사람은 자신이 속한 장소(마을)에서 공동체를 이루어 살고, 경험하며, 관계를 형성하며, 그곳에서 얻은 공동의 경험과 지식을 전제로 삶의 환경을 개선해 나가며 가치 있고 의미 있는 공동의 일을 도모한다. 이것이 인간이 추구하는 '사람살이'(人生)의 모습이 아닌가? 이것이 다름 아닌 '마을 만들기'의 본질이 아닌가? '마을 만들기'는 곧, 오늘, 우리들 자신이 살고 있는 장소(지역)를 이해하고 알아가는 행위이자, 우리들 자신이 체험하고 소비하는 오늘의 문화를 새롭게 만들어가는 일이라 정의해도 좋을 것이다. 지금까지의 '마을 만들기'에 대한 이론 탐색을 기저로 '서촌의 마을 만들기' 탐색에 나서보기로 한다.

(2) '문화읽기' 대상으로서의 도시 공간

나는 '마을 만들기'의 개념와 관련된 선행 연구를 탐색하는 과정에서 '마을 만들기'는 곧 "자신이 속한 지역을 이해하고, 그 곳에서 자신이 현재 누리고 있는 문화를 토대로 또 다른 새로운 문화를 만들어 가는 일"이라고 정의하였다. 그렇다면 문화란 무엇인가? 우리는 문화를 어떻게 이해할 것인가? 지구상에 문화란 말의 의미와 정의는 수없이 많기 때문에 문화를 한 마디로 정의하고 이해하는 일이 쉬운 일은 아니다. 그러나 일반적으로 영어 단어 'culture'로 통용되는 문화의 어원은 흔히 라틴어의 'colo' 어족과 깊은 관련이 있는 것으로 알려져 있다, 즉 colo(동사: 경작하다), cultus(형용사, 과거분사: 경작된), 그리고 cultura(명사: 경작, 또는 영혼을 가꿈)에서 그 유래를 찾아볼 수 있다.[13] 박희영은 "밭을 경작한다는 것"에서 출발한 문화의 개념에 주목하여 문화란, 즉 인간이 밭을 경작한다는 행위는 인간이라는 주체가 자신의 어떤 목적을 달성하기 위하여 자연이라는 객체에 대해 어떤 작용을 가한다는 것이라고 설명하고 인간이 경작의 대상으로 삼는 객체를 세 가지 차원으로 분류한다. 즉, 첫 번째는 자연적 대상물이요, 두 번째는 종교, 제도, 언어, 법률, 이념, 가치관 등 인간이 사회생활을 해나가면서 만들어 낸 모든 유·무형의 인위적인 산물들이며, 마지막 세 번째는 위의 첫 번째, 두 번째 대상들과 사고 주체 사이에 형성된 관계망을 의미한다. 여기서 사고의 주체는 자신의 내면 세계에 대한 성찰을 (경작의) 대상으로 삼을 수도 있고 법률, 제도, 이념과 같은 이차적 객체들을 보다 나은 상태로 개선 발전시키고자 행하는 일련의 활동과 노력 자체가 경작 대상이 되기도 한다.[14] 이런 관점에서 문화는 인간이라는 주체와 객체들 사이에서 다중적으로 맺어지는 관계망의 총체라고 정의할 수 있다. 반면에 동양 문화권에서의 '문화'(文化)는 '문치교화'(文治教化)의 준말로 "글월(文)로 (인민을) 깨우치다(化)"는 의미로 통한다. 외관적으로 보아 "경작하다, 가꾸다"라는 의미의 서구식 해석과 크게 다르지 않다. 그러나 중국의 옛 문헌 『설문해자』(說文解字)에 '문화'의 '문'(文)은 본래 문양(紋樣), 즉 '무늬'(紋)에서 유래되었다는 기록이 있는 것으로 미루어[15] 동양 문화권의 문화에 대한 본래의 의미는 이와 조금 달랐던 것으로 추측된다. 부연하자면 동양에서 인식한 문화는 사람이 씨실과 날실을 교차하여 한 땀 한 땀 수놓은 비단 위의 무늬(紋)와 같이 인류가 오랜 역사를 통해 축적해온 '삶의 흔적의 총체'라는 해석이 가능하다.

한편 영국 문화 연구의 개척자 중 한 사람인 레이몬드 윌리암스(Raymond Williams)는 기존의 산재해있던 문화라는 개념을 세 가지로 정리하였다. 첫째, 문화는 지적이고 예술적인 활동의 실천이나 작품이라는 인식이다. 문화는 음악, 문학, 회화, 조각, 연극, 영화와 같은 예술장르와 동일한 의미로서 교양 있는 사람들이 참여하는 세련된 활동에 해당된다. 둘째, 인류학적 관점에서 '삶의 방식'으로서의 문화에 대한 인식이다. 이것은 문화에 대한 최초로 정의를 시도한 사람으로 알려진 영국의 인류학자 에드워드 타일러(Edaward Tylor)의 해석을 계승한 것이라 볼 수 있는데 타일러는 "문화란 지식, 신앙, 예술, 도덕, 법, 관습 그리고 사회 구성원으로서 인간이 획득한 모든 능력과 습관을 포함하는 복합적 총체"라고 정의했다. 마지막 세 번째는 인류가 이룩한 발전과 진보의 개념으로서의 문화, 즉 농업(곡물 경작)과 동물 사육을 뜻하는 것에서 정신 발달을 묘사하는 단어로의 변화를 의미하는 것으로, 개인의 능력 계발은 물론 사회적, 역사적 과정 전반의 발달 과정을 포함하는 광의의 개념으로 확대된 문화이다.[16]

이렇게 다양한 정의와 해석에도 불구하고 문화라는 말을 선뜻 한두 가지로 설명하기 쉽지 않다. 그 이유는 문화란 여러 지역에 산재한 다양한 인간 삶의 역사, 정치, 사회적 제도, 지리적 특성과 공동체의 생활양식, 그리고 그로부터 파생된 가치관 등 여러 복잡한 요인에 의해 각 지역마다 차별적 특성을 갖는 고유한 문화가 생성되기 때문이다. 이러한 관점에서 문화는 일상의 삶의 공간인 지역(장소)과 불가분의 관계에 놓여 있으며 해당 지역 사람들의 삶의 수준을 읽을 수 있는 좌표가 된다. 그래서 혹자는 문화는 "장소 조건적" 특성을 가지고 있으며, "인간의 상호 관계가 형성되는 장소인 지역의 현상"이라고 해석하기도 한다.[17] 따라서 인간의 "일상의 삶이 영위되는 터전이며 사회의 발전이 전개되는 구체적인 장인 지역"[18]의 문화 현상을 분석하고 탐색하는 일은 곧 문화에 대한 이해 접근의 한 방안을 제공한다.

국내 문화 연구의 개척자 중 한 사람인 강내희는 1993년에 발표한 글에서 "신촌, 대학로, 압구정, 신림동 여관동네, 방배동 카페골목, 어린이 대공원, 서울랜드, 롯데월드……. 우리의 삶의 한 가운데 있는 도시풍경은 '하나의 의미망'으로서, 우리가 일상에서 접하는 문화에 대한 탐구 즉 '읽거리'의 대상이 된다"고 주장한 바 있다. "그 도시 풍경(의미망)들은 우리들 자신이 일상 속에서 형성해 낸 '인공 축조물'로서 우리 일상의 삶에 파고들어와 영향력을 행사하고 있는 현상이자 공간이 되기 때문이다.[19] 여기서 강내희가 사용한 '인공 축조물'이란 표현은 지역의 구성원들이 그들이 거주하는 도시 공간에 만들어 삶의 흔적, 즉 문화를 지칭하는 말로 풀이할 수 있다. 그러한 '인공 축조물들', 즉 도시풍경 속에 존재하는 문화 현상은 다시 그들의 사고와 의식, 생활 방식을 지배하는 단서가 되며 새로운 문화 생산행위를 유발하는 동기가 된다.

창조도시(creative city)이론의 권위자 찰스 랜드리(Charles Landry)는 "어떤 장소의 지역문화를 들여다 보고, 읽고, 이해하고, 의미를 찾고, 가치를 평가하고, 비교하며, 해석할 수 있는 능력을 갖추는 일이 곧 문화를 이해하는 것"[20]이라고 말한다. 이에 대한 랜드리의 견해와 주장을 좀 더 인용해 보기로 한다.

> 그러한 (지역의 문화를 이해하는) 능력을 갖춘다는 것은 그곳에 사는 사람들에게 의미 있고 중요한 것이 무엇인가를 이해할 수 있으며 (…) 도시 풍경이 어떤 모습이며, 왜 그러한가를 더 제대로 이해할 수 있다. (…) **장소에 붙은 역사적 이름은 어디서 왜 유래되었는지, 그런 자원이 미래의 도시에 어떻게 활용될 수 있는지 등을 통해 역사를 느끼게 된다.** (…) **그리고 문화에 대한 이해를 갖추는 방법은 관심을 갖고, 관찰하고, 자세히 들여다보는 법을 배우고, 왜 그런 식으로 그렇게 작용하는 지를 알아내고, 과거를 평가해서 어떻게 현재 모습을 이루는지를 이해하는 것이다.**[21](강조는 인용자)

랜드리의 주장이 주목을 끄는 부분은 "문화는 장소를 창조하고 만드는 방식을 결정하는 요소"라는 관점이다. 즉 랜드리는 장소, 즉 지역 문화에 대한 관심과 연구가 그 지역(장소)을 재창조하는 동력이 된다고 본다. 미래를 향해, 지속적인 발전을 도모하는데 있어서 문화가 그 중심축이 되어야 하며, 그 기저에는 지역 문화에 대한 이해가 출발점이 된다는 메시지를 전해주고 있다.

결론적으로 자신이 살고 있는 지역에서 향유되고 영향력을 미치고 있는 오늘의 문화, 자신의 삶과 직접적인 연관을 맺고 있는 일상 속 문화현상을 읽고, 풀고, 이끌어나가는 것에 대한 관심과 성찰은 문화 연구의 한 접근 방식으로 시도해 봄직하다. 다시 말해서, 어떤 지역의 문화를 분석하고 연구하는 행위는(그곳에 살고 있는) 사람들의 삶의 양식의 구조와 변화를 살펴보고 그 안에서 생산되고 표현되는 일반적인 의미를 찾아내는 일이며,[22] 우리가 보다 나은 어떤 곳에 이를 수 있도록, 우리가 어디에 있는지 더욱 나은 이해를 도모하는 일이기 때문이다.[23]

이러한 관점에서, 전통 한옥을 활용한 도시 활성화 정책이 시행중인 서촌 지역에서 마을 이름 논쟁으로 야기된 지역 구성원 간의 대립 구도 속에 부상되고 있는 문화현상들, 쟁점들, 혹은 그와 관련된 구체적인 실천적 방안을 둘러싼 지역 사회 내부의 다양한 의견과 대립적 관계를 비롯한 서촌의 문화에 대한 성찰과 탐색은 서촌에 이미 유포되어 있는 문화, 현재 생산 중인 문화, 또한 보다 나은 어떤 지점을 향해 서촌이 만들어가야 하는 문화에 대해 숙고해 보는 계기가 될 것이다. 특별히, 위에서 인용한 랜드리의 글에서 보듯 "지역에 붙은 이름은 왜, 어디서 유래되었는지?"에 대해 관심을 갖고, 관찰하고, 그러한 자원이 미래의 도시(지역)에 어떻게 활용될 수 있는지를 자세히 들여다보고 살펴보는 작업에 본 논문의 의의를 두고자한다. 그렇다면 서촌은 어떤 곳인가? 서울 도심 속 역사마을이라 불리는 서촌에서 우리는 무엇을 읽을 수 있을 것인가? 서촌이 우리에게 들려주는 이야기는 무엇인가?

3. '서촌'과 '세종마을', 마을 만들기의 두 가지 관점

(1) '서촌'의 마을 만들기 배경

서울역사박물관에서 펴낸 『2010생활문화자료조사집』에 의하면 서촌은 "경복궁의 서쪽 지역을 일컫는 지명으로 성곽으로 에워싸인 조선시대 한양의 서북쪽에 위치한 지역을 지칭한다. 경복궁 서측 지역을 서촌이라는 명칭으로 사용했던 용례는 옛 문헌기록에서 확인할 수는 없으나 경복궁과 창덕궁 사이 지역을 '북촌'으로 부르고 있으므로 그 연장선상에 서 경복궁의 서쪽 일대를 '서촌'으로 지칭하는 것은 크게 무리가 없을 것으로 생각된다"고 기록하고 있다. 이로 미루어 서촌은 조선시대부터 전해온 명칭은 아니고 근래들어 자생적으로 생겨난 것으로 추측된다.

서촌과 세종마을, 두 명칭을 사이에 둔 마을이름 논란이 불거진 직접적인 계기는 서두에 언급한 바와 같이 서울시가 "역사문화도시 서울" 브랜드 효과를 강화하기 위해 수립된 서울시의 10대 정책 사업의 일환인 '문화지구 조성 사업'에 근거한다.[24] 구체적으로 '경복궁 서측 지구단위계획안'이라 불리는 이 사업은 2008년 「서울 한옥선언」의 단기(2009~2010) 사업 대상인 한옥밀집구역을 북촌, 인사동에 이어 582,297m^{2}에 이르는 서촌 일대를 확대한 것으로 한옥을 리모델링하거나 신축할 경우 최대 1억 원까지의 자금을 지원하고 있다.[25] 이에 따라 낙후된 주거 지역 개선을 위한 재건축, 건설 움직임이 일어나면서 마을 외관에 변화가 일어나는 한편 지역 주민들 사이에서 마을의 주거 환경 개선과 문화마을 조성을 도모하기 위한 모임들, 이를 테면 '마을 가꾸기회', '마을발전연구소', '주거공간위원회' 등의 이름을 내건 시민자치 조직들이 생겨나고 있는 상황이다.

(2) '서촌'과 '세종마을', 명칭 논쟁 개요

① '세종마을'로 바꾸고 싶은 이유: 지자체 행정 관료들과 관변단체

서촌이라는 현재의 마을이름에 제동을 건 이들은 시의회 및 구의회 의원, 종로구청장 등 지자체 행정 기관의 지지를 받는 서촌지역 재개발 주민 대표단으로 구성된 (사)세종마을가꾸기회와 그에 동조하는 마을번영회 등 지역의 상권 지배계층들이다. 이들은 2011년 5월 15일 오후 2시, 종로구 청운효자동 통인시장 앞 정자각 앞마당에 마련된 '세종마을선포식'에서 "[…] 이제부터, 경복궁 서측 효자로 입구에서 창의문에 이르는 길까지, 그리고 그곳에서 인왕산 정상을 연결하여 다시 사직터널 입구에서 사직로 북단에 이르는 180만㎡를 세종마을로 선포한다"는 내용의 발표문을 세종 임금으로 분장한 지역 명사를 통해 낭독함으로써 세종마을이라는 새 이름을 선포하였다.[26]

이들이 내세운 표면적인 이유는 첫째, 이 마을이 민족의 성군이신 세종임금의 탄신지라는 지역 특성을 적극 활용하여 주민들의 자긍심과 지역의 문화적 위상을 높이자는 취지이다. 또 다른 이유는 서촌이라는 단어에서 느껴지는 부정적 이미지를 덜어내려는 의도이다. 즉 서촌은 해가 지는 쪽이라는 하락과 쇠퇴의 뜻을 담고 있어 빈한한 느낌을 주는 반면, 세종마을은 세종대왕의 뛰어난 정치, 문화, 과학적 업적과 성군으로서의 존엄성을 상징하는 고급브랜드로서 마을의 역사 문화적 가치를 높이는 데 유익할 것이라 는 주장이다.[27] 세종마을을 주장하는 세 번째 이유는 당시 종로구청장이 "세종마을을 아세요?"라는 제하의 한 일간지 기고문[28]을 통해 지적한 바와 같이 서촌이라는 이름의 유래에 얽힌 역사적 근거가 부정확하기 때문이다.[29]

그에 반해 이 지역은 세종 임금의 탄생지라는 명확한 역사 기록을 내세워 서촌에 대한 세종마을의 정당성과 비교 우위를 강조하고 있다.

② '서촌'을 지키고 싶은 이유: 시민자치 모임을 중심으로 한 일반 주민들

서촌이라는 이름을 고수하는 계층은 서촌 지역 재개발 사업에 관심을 갖고 조직된 '서촌연구소', '서촌주거공간연구회' 등 '서촌'이라는 이름을 내건 소규모 시민자치모임과 그들의 활동을 지지하는 다수의 평범한 주민들이다. 이들이 행정당국에서 요구하는 세종마을을 거부하고 서촌이라는 이름을 지지하는 이유는 첫째, 이름 속에 담긴 어떤 명분이나 정치적인 의미보다 서촌이라는 이름이 탄생된 자생적인 과정과 배경을 중시 여기기 때문이다.[30] 서촌이라는 지명이 비록 조선시대 문헌에 기재된 근거 있는 것은 아니지만 이들은 서촌이라는 명칭이 이미 언론 매체와 일반인들을 통해 이 동네를 상징하는 이름으로 외부에 널리 유포되었고, 서촌 이름을 딴 부동산, 카페, 음식점, 갤러리, 예술공방 등 지역 상권이 이미 자리 잡고 있음을 강조한다. 이외에도 서촌을 다녀간 일본인들이 자국으로 돌아가 자체 제작한 '서촌' 지역관광가이드 북을 지참한 또 다른 일본인 관광객들이 서촌을 찾아오는 사례를 들어, 서촌의 브랜드 가치가 해외에까지 이미 알려져 있음을 부각시킨다.[31] 예컨대, 서촌에 거주하며 건축 설계 사무소를 운영하고 있는 한 건축가는 '지역을 통칭하는 이름은 자연 발생적으로 자리 잡는 것이 좋다는 생각' 이라는 견해를 밝히고 있다.[32]

이들이 세종마을 수용에 반대하는 두 번째 이유는 마을 이름을

교체하는 것과 같은 중요한 지역공동체의 사안을 주민들과의 대화나 상의 없이 행정 지도층 인사들의 일방적인 결정에 의한 '상명하달식'으로 진행된 전근대적 행정에 대한 거부감이다. 자신이 운영하는 온라인 블로그 <서촌 라이프>에 본인의 견해를 밝힌 설재우 대표는 "세종대왕 탄신지 및 생가복원 등에 대한 논의는 충분히 고려해볼만 하지만, 관(官)이 나서서 서촌 대신 세종마을이라는 새 이름을 사용하자고 선동하는 행동은 쉽게 이해가 되지 않는다"고 말한다.[33] 세 번째 이유는, 역시 서촌 거주민이자 저명한 미술평론가인 한 문화계 원로가 "세종이란 말이 너무 흔하게 되어 격조가 없어지는 것도 생각해 보아야 한다"고 언급한 바와 같이[34] 세종이라는 명칭은 충청도에 건설될 행정수도 세종시의 경우에서 보듯이 타 지역의 이미지와 중첩될 우려가 있고 서촌만의 고유한 특성을 발견하기 어렵다는 점을 강조한다. 다음은 몇몇 주민들이 인터넷 상에 밝힌 의견들이다.

> "예전부터 살아온 사람들과 그들 사이에 통용되는 명칭이 있는데 상명하달식으로 관가에서 동네 이름을 '선포'한다는 게 문제이다" (아이디 itembank**)
>
> "왜 자꾸 '서촌'을 없애려고 하는지 이해가 되지 않는다. 오히려 기존에 사용하던 서촌이라는 이름을 잘 활용해서 상생과 공존할 수 있는 방법을 모색해야 될 때인데, 선포식이다 뭐다 하며 쓸데없는 곳에 세금과 에너지를 써대고 있으니 답답한 노릇이다." (아이디 각**)
>
> "이미 충청도에 세종시가 있어 헷갈리고 대표성도 떨어진다'(아이디 서촌**)[35]

(3) 정리: 서촌 대 세종마을, 그 간극의 차이

서촌과 세종마을, 같은 지역을 지칭하는 두 가지 명칭이 부각되고 있는 사실은 서로 다른 두 계층, 혹은 상이한 집단들의 대립적 관점이 존재하는 지역 공동체의 현실을 반영한다. 기존의 이름인 '서촌'을 떼어 버리고, '세종마을'이라는 새 문패를 달고 싶은 행정 관료들과 그 주변 세력이 중심이 된 지역의 지도층 인사들, 그리고 마을이름의 출처와 유래에 대한 명분이나 의구심에 관계없이 옛 지명을 지키고 싶어 하는 평범한 지역 주민들이 형성하고 있는 양분화 된 구도가 그것이다. 이들의 상이한 관점과 태도를 대략 다음과 같이 세 부분으로 나누어 논의해 보기로 하겠다. 먼저, 양측이 가장 선명하게 대립하고 있는 지점은 마을 만들기를 향한 접근 방식의 차이이다. 일명 '새로운 마을(new town) 만들기'의 대안으로 세종마을을 제안한 지도층 인사들은 세종대왕이라는 위인으로 대표되는 정치적이고 계몽적인 효과와 그로부터 파생된 가치와 명성을 강조한다. 또한 서촌이라는 지명의 역사적 근거 부재를 최대 약점으로 지적하고 있는 점은 마을이름에 역사적 근거와 명분을 유입하고자 하는 권위적인 태도로 읽혀진다. 지역 행정의 실질적인 주도권을 행사하는 권력층다운 면모를 보여주는 부분이라 여겨진다. 반면에 서촌을 고수하고자하는 주민들은 서촌이라는 마을이름의 자생적인 유래와 현재 주민들의 일상에서 발견되는 자연스러운 마을 명칭 용례 현상에 가치를 둔 열린 태도를 나타낸다. 세종대왕으로 상징되는 계도적, 정치적 의미, 그리고 마을이름의 역사적 근거를 따지는 명분을 앞세운 세종마을 지지자들과 현저히 대비되는 부분이다.

구분	서촌	세종마을
유래 (탄생 시기)	분명치 않으나 2005년 이후	2011년 5월
탄생 배경	자생적 발생	인위적 작명
작명 사유 및 역사적 근거	경복궁 서쪽에 위치. 조선시대 문헌에 서촌이라는 명칭이 등장은 하고 있으나 현재 위치 지칭 여부는 부정확함.	세종대왕의 탄생지. 역사 기록 있음.
지지 계층	시민자치모임, 일반 주민	지자체 의회의원 및 지역단체장, 지역지도층인사
대표 단체	서촌연구소, 서촌공방연합회 서촌주거공간연구회, 서촌카페연합회	세종마을가꾸기회, 세종마을번영회
지지 이유	1. 자연스럽게 형성된 마을 이름 2. 이미 정착된 브랜드 3. 서촌은 지역의 다양한 여러 문화자원을 포용하는 말	1. 세종대왕의 탄신지라는 역사적 사실과 지역 특성 강조 2. '세종대왕' 이 유발하는 고급 브랜드 효과 3. 격조, 명성, 부, 자긍심 강조
상대 명칭 반대 이유	1. 서촌이라는 명칭의 유래에 대한 역사적 근거 부재 2. 서촌이 주는 부정적 어감 - 촌스럽고 세련되지 못함 - 해가 지는 쪽, 빈한하고 퇴색적임 3. 역사성, 전통, 교훈, 문화적 위상 부재	1. 관 주도로 마을명칭을 인위적으로 교체하려는 권위적 발상 2. 의사결정에 주민들 역할 누락 3. 세종이라는 단어의 지역 정체성 및 희소성 약화 4. 세종대왕이라는 강력한 유일 브랜드에 인한 지역 문화자원 발굴 가능성 상실
주민들의 마을명칭 활용 사례	- 서촌을 사용한 상호 다수 존재 : 서촌공방지도, 서촌카페지도 유포 : 서촌라이프 (월간 마을소식지) 발간 : 서촌부동산	세종마을가꾸기회 인터넷 카페 외 별다른 용례 찾기 어려움
특징	자율적이고 수평적 소통과 자유로운 교류 중시	권위적, 정치적, 계몽적, 계도적, 교육적 가치관 중시

[표 1] '서촌'과 '세종마을' 명칭에 담긴 특징적 요소

둘째, 지역 공동체의 사안에 대한 의사결정 및 소통방식의 차이이다. 정치적으로 지역의 문화를 점령하려는 통치자들은 서촌이라는 자생적으로 정착된 과거의 마을이름에 담긴 흔적과 유산을 한나절 이벤트로 마련한 "선포식"을 통해 일순간 "선포"하여 구성원을 제압하려는 방식을 취한다. 지역주민들은 선포식을 알리는 '만원 권' 지폐가 그려진 현수막이 시장입구 네 거리에 걸리고[36] 세종임금의 행차를 알리는 대취타 연주소리가 골목길을 떠들썩하게 들리기 전까지 마을이름이 바뀌게 된 사실도 그 원인도 미처 자세히 알지 못한다. 주민들은 변화하고 있는 마을의 위상을 총체적으로 조망하면서 마을의 신, 구 명칭 사이에서 고민해보는 기회조차 갖지 못한 채 마을 이름 교체가 이루어졌음을, 그 과정에 자신들의 존재는 "존재하지 않았음"을 확인한다. '세종마을선포식'은 지역공동체가 함께 공유하는 "장소 밖"에서 일어난 일에 불과하였고, "지역 공동체에 수반되기 마련인 존재감(sense of being)"[37]이 결여된 사건이었다는 결론이다.

셋째, 세종대왕으로 상징되는 '세종 브랜드'에 관련된 인식의 차이이다. 달리 표현하자면 이것은 지역의 정체성에 대한 이해의 차이라고도 볼 수 있다. 세종마을을 지지하는 계층, 즉 정치권력을 소유한 지배계층은 세종임금의 정치, 문화, 예술, 과학 분야를 두루 아우르는 업적과 창의적 발명품에 근거를 둔 격조, 성장, 발전, 자긍심과 같은 일련의 긍정적 이미지를 계승한 마을 만들기를 지향한다. 하지만 그 이면에는 "지역주민의 모든 가정에 세종대왕의 영정이 새겨진 만원 권 지폐가 산더미처럼 쌓이기를 기원한다"는 선포식 연설문의 마지막 글귀가 암시하는 바,[38] 그들에게 한옥보존이라는 전통문화유산을 기반으로 한 마을 가꾸기의 목표가 사실상 지역의 주거 환경 개선을 위한 지역공동체의 비전을 정립하고 지역의 문화자원 개발을 위

[그림2] 세종마을 선포식을 알리는 현수막(통인시장 입구; 2011.5.15.)

한 주민들의 창의적 의사소통의 장을 마련하기보다 "세종대왕의 초상화가 새겨진 화폐를 쌓는 일", 즉 '자본의 축적'을 우선시 하고 있음을 시사한다.

마을 만들기 사업의 발원지를 거슬러 올라가면 문화자원의 경제적 부가가치 생산에 가치를 둔 컬처노믹스 정신에 입각한 문화산업의 개념에 기초하고 있음을 감안할 때 자본 축적에 목표를 두었다는 사실 자체가 부정적으로 간주되거나 비난 받을 사안이라는 의미는 아니다. 그러나 앞서 마을 만들기의 이론탐색에서 살펴 본 바와 같이 마을 만들기는 지역 구성원들이 공유하는 삶의 공동체를 가꾸는 일, 지역 주민 전체의 삶의 질을 향상시키는데 유용한 공간과 환경을 조성해 나가는 일이며, 그 과정에서 발생하는 지역 공동의 문제해결을 위한 효율적인 의사소통 체계와 협력 방안을 모색하는 일이 중요한 핵심이다.

결과적으로 세종대왕이라는 위대한 역사적 인물의 업적과 교육적 가치를 중심으로 마을 만들기 사업의 가치관 정립을 시도한 취지에 일면 공감할 부분이 있음에도 불구하고, 지자체 행정 관료들이 보여준 마을 만들기 사업에 대한 접근 방식과 지역 현안에 대한 의사결정 과정 및 소통방식은 매우 권위적이고 독단적이라 할 수 있다. 또한, 지역정체성을 확립하는 과정에서 오로지 세종대왕이라는 강력한 한 가지 문화자원에만 의존하려는 그들의 폐쇄된 문화 인식은 본 논문에서 지적하고자 하는 가장 큰 문제점중 하나라고 하겠다. 그 이유는 서촌의 마을 만들기 프로젝트는 서촌이라는 장소를 역사문화공간이라는 하나의 문화콘텐츠 개념으로 접근할 필요가 있기 때문이다. 서촌은 세종임금의 탄생지라는 역사적 사실을 기점으로 멀리 조선시대 개국 시점으로 거슬러 올라가 현대에 이르기까지 600년의 역사가 혼재하는 독특한 문화공간으로 존재하고 있다. 실재로 서촌지역에는 세종대왕의 탄신지라는 사실 이외에도 근현대 역사유적이 수 십 여 가지에 이르며, 서촌의 문화 위상을 높여 줄 다양하고 풍부한 문화자원이 존재한다([그림3] 참조). 이것은 서촌이 서울을 대표하는 문화특구로서 세계 다른 어느 도시와도 구별되는 서촌만의 정체성으로 부각될 수 있는 매우 중요한 특성이다. 세종대왕이라는 강력한 한 가지 콘텐츠만을 마을의 대표 브랜드로 내세울 경우 서촌이 보유하고 있는 이러한 다양한 역사 문화자원들에서 발견되는 서촌만의 독특한 지역특성이 약화되고 희석될 가능성이 제기된다. 이러한 관점에서 서촌의 문화적 상징과 자산을 세종마을로 한정하는 것은 매우 가볍고 단순한 발상이 아닐 수 없다.

다음 4장과 마지막 5장에서는 지금까지의 연구 결과를 종합하여 문화공간 서촌의 문화 자원과 그에 잠재된 특성과 의미를 살펴보고,

서촌의 마을 만들기의 지향점을 찾아보기로 하겠다.

4. 역사문화공간 서촌의 재발견

(1) 서촌의 역사문화유적

서촌은 조선시대 궁궐과 바로 인접한 동네라는 지리적 특성상, 고위 관리에서부터 중인과 아전 등 다양한 계층이 어울려 살며 독특한 생활문화를 형성한 곳으로 알려져 있다.

훗날 조선왕조 제 4대 임금(세종)이 되는 태조 이성계의 손자이자 태종 이방원의 셋째 아들인 이도(李祹)가 현재의 옥인동, 통의동 근처 준수방 잠저에서 태어났다는 기록으로 보아 이 마을의 역사는 조선 개국 시점부터 시작된 것으로 추정된다.[39] 이러한 연유로 서촌에는 조선시대 당시와는 당연히 많이 달라졌으리라 추측되지만 인왕산과 옥인동 인근의 개천과 바위, 돌다리[40]와 같은 자연경관과 유적이 적잖이 남아 있으며 그곳에 거주했던 인물들과 관련된 여러 전설이 전해오고 있다. 예를 들면, <몽유도원도> 탄생의 전설이 담겨있는 인왕산 산자락의 안평대군의 집터와 별장인 현재의 부암동 뒷산에 있는 무계정사를 비롯하여, <인왕제색도>를 그린 겸제 정선, 추사 김정희, 백사 이항복의 옛 집터, 그리고 조선 후기의 문인 천수경(? ~1818)이 결성한 시 동인 모임 장소로 유명했던 송석원(松石園)터 등 서울 지역에서는 유례가 없는 풍부한 문화 유적이 있다. 또한 조선시대 유적 뿐 아니라 일제강점기 이후 현대에 이르기까지 시인 이상, 윤동주, 노천명을 비롯한 문인들과 화가 이중섭, 이상범, 박노수 등 수많은 문화예술인들이 거주했던 집터와 가옥 등 조선시대 유적

[그림3] 종로구 서촌 지역의 근현대 역사문화 유적[41]

지 13곳, 근대 유적지 9곳 등 문화사적 가치가 높은 옛 흔적들이 남아있다. 이를 종합해 볼 때 서촌은 가히 한국의 근현대 역사 문화자원의 보고라 부를만하다. 위의 그림은 서촌의 근현대 문화유적을 지도에 담아 표기해 본 것이다.([그림3] 참조)

(2) 서촌의 두 얼굴에 담긴 패러독스

위에서 언급된 풍부한 문화유적과 전통적 가치에도 불구하고 서촌은 그저 낙후된 마을이라는 인식이 지배적이다. 경복궁을 사이에 둔 이웃 마을 북촌은 경우 조선시대 사대부들의 고급 주거지로서 서울의 대표적 전통 한옥마을로서의 명성을 누려왔지만 서촌은 조선 시대와 일제강점기, 산업화 시대를 거쳐 줄곧 일반 서민들의 평범한 거주지로서만 존재해 왔다. 그렇게 된 연유에는 첫째, 조선시대에 서촌은 왕족과 사대부들의 거주지였던 북촌과 달리, 일부 고위관리들을 포함하여 궁궐에 물품을 납품하거나 궁궐 살림살이를 관장하던 중인과 역관, 아전 등 하급관리와 예술인 등 다양한 계층이 모여 살던 지역으로 소박한 형태의 서민층 가옥들이 주종을 이루었기 때문이다. 현대에 들어서 발생한 또 다른 이유는, 청와대와 인접해 있는 지정학적 특성상 보안상의 사유로 수 십 년간 개발제한구역에 묶여 1970~80년대 고층 건설 붐을 이룬 산업화의 광풍이 비껴간 까닭이다.

역설적이지만 그 영향으로 서촌은 낙후된 도심 속 오지라는 부정적인 인식과 함께 도시화의 격변 속에서도 서울의 옛 모습과 정서를 보유하고 있는 독특한 매력이 있는 동네라는 상반된 두 가지 평가를 동시에 받고 있다. 예컨대, 서촌에는 아파트촌으로 변한 서울시내 타 지역에서는 좀처럼 찾아보기 힘든 풍경을 쉽게 만날 수 있다. 마치 서울의 1960~70년대 모습을 재현한 드라마 세트장을 연상시키는 전봇대가 서 있는 좁은 골목에 담장을 마주한 야트막한 주택 사이사이, 쌀집과 떡집, 헌책방과 사진관, 수선집과 전파사, 그리고 중국집과 미장원, 이발소 등 투박한 간판이 내걸린 작은 상점들이 나란히 이웃해 있다. 뿐만 아니라 주민들의 실제 일상생활에도 아직도 옛 살림살이 모습이 많이 남아있다.[42] 이를테면, 마을 주민들은 대형마트 대신 재래시장에서 저녁 장을 보며 얼굴을 서로 알아보는 주민과 상인들 사이에 아직도 외상 거래가 가능하다.

서울 도심의 한 복판에 위치한 동네에서 발견되어지는 특징들, 이를 테면 뒤쳐짐, 오래됨, 낡고 촌스러움과 같은 서촌을 수식하는 부

[그림4] 통인시장: 서울 도심 한복판에 있는 재래시장 '통인시장'. 옛 것에 대한 향수를 찾아오는 관광객들이 점차 늘어나고 있다. 최근에는 손님이 시장을 돌며 맘대로 도시락 반찬을 고르는 도시락카페가 인기를 누리고 있다.

정적 요소들이 약점이나 수치가 아니고 서촌만의 독특한 지역 정체성을 보여주는 매력과 장점으로 작용하고 있다. 역설적으로 들리는 서촌의 이러한 두 가지 얼굴에 대한 이야기가 바로 '서촌을 서촌답게' 만들어주는 서촌의 고유한 이야기이다. 서촌이 최근 서울 도심 속 관광지로 외지인들의 관심을 끄는 이유는 바로 이러한 사라져가는 서울의 옛 모습, 도심 속 시골의 이미지가 전해주는 노스탤지어를 불러일으키는 매력이 있기 때문임을 상기할 필요가 있다.

5. 나가는 말: '서촌'의 '마을 만들기'를 위한 제언

그렇다면 우리는 서촌의 이름에 무엇을 담을 것인가? 서촌을 어떤 마을로 만들어야 할까? 먼저, 도심에 위치한 역사문화공간 서촌을 그 중심에 둘 것을 제안한다. 서촌은 14세기 말 조선 개국 시점부터 21세기 현대에 이르기까지 한국의 정치. 행정의 중심지 수도 서울의 한복판에 '자리잡고'

있다는 장소적 상징성이 곧 서촌의 문화자원이 되고 있기 때문이다. 또한, '경복궁 서쪽에 있는 촌 동네' 라는, 서촌이라는 이름이 전해주는 그대로의 모습에 담겨있는 유산을 지켜나가면서 서촌의 문화자원 전체를 포용하는 마을 만들기를 지향하여야 할 것을 제안한다. 서촌이라는 이름에는 세종대왕님이 전해 주시는 교훈적 가르침이 담겨있거나 임금님이 태어나신 마을다운 격조가 느껴지지 않는 것이 사실이다. 하지만 서촌에는 조선시대 이후 그곳에 전해 내려오는 소나무, 바위, 개천, 그 속에 얽힌 이야기들, 그리고 서촌에 살았던 수많은 문인들과 화가들, 평범한 서울 사람들의 일상의 모습이 구불구불 좁은 골목길에, 오래된 한옥 기와지붕 처마 밑에 느리게 그러나 자유롭게 움직이고 있다.

결론적으로, 서촌의 마을 만들기 사업, 나아가 한옥과 같은 전통문화콘텐츠를 활용한 도시재생 사업은 지역의 외적 환경을 개선하여 외부 재원을 끌어들이는 자본 논리 중심의 경제적 가치 추구에 앞서 지역의 고유한 가치와 문화자원에 대한 이해를 바탕으로, 지역 공동체 구성원 간의 자율적인 소통과 교류를 통해 지역의 삶의 환경을 개선해 나가는 창의적인 문화 활동이라는 점을 인식할 필요가 있다. 이러한 관점에서 서촌의 마을 만들기의 목적과 지향점은 지역의 풍부하고 다양한 문화자원을 포용하는 열린 의식과 주민들의 자율적인 활동에 힘이 실리는 방향으로 추진되어야 한다. '서촌이' (세종마을'이 아니라) '서촌으로' 불려야 하는 이유가 바로 여기에 있다고 하겠다.

지금까지 이 글에서 중점적으로 다룬 '서촌'과 '세종마을'이라는 명칭 논쟁으로 표출된 지역 구성원간의 마을 만들기를 향한 상이한 관점에 대한 관찰과 연구는 곧 평범한 일상과 생활공간에서 우리가 향유하고 있는 문화란 무엇이며, 동시에 어떤 문화를 지향하여야 할 것

[그림5] 과거와 현재가 공존하는 서촌 주택가 풍경

인가에 대한 성찰의 기회로 귀결되고 있음을 발견하였다. 마지막으로 앞서 살펴 본 바 있는 문화의 정의를 다시 한 번 되새겨 보는 것으로 이 글의 결어를 대신하고자 한다. 문화란 "인간 스스로가 어떤 인간이 될 것인가 내면을 성찰하는 일종의 '자기 수행' 과정이자, 인간이 어떤 목적을 위해 만들어 놓은 인위적, 사회적 산물들을 보다 나은 방향으로 이끌기 위해 의식적으로 도모하는 행동과 행위, 그리고 그 과정에서 파생된 유기적인 관계들의 총체적인 모습"으로 정의된다. 그러한 복합다층적인 문화를 구축하고, 향유하며, 동시에 새로운 문화를 창조해가는 인간의 행위는 다른 동물과 구별되는 "사유하는 존재"(homo sapiens)로서의 특징을 가장 극명하게 보여주는 인간만의 능력이자 권리이다. 서촌의 '마을 만들기'는 상이한 사고체계와 생활경험을 지닌 한 지역의 공동체가 일상에서 누리며 체험하는 공동의 경험과 지식을 포용하고 상호 존중하는 문화 담론이 활발히 이루어지는 우리 시대의 문화생산의 장으로 기능하여야 한다고 본다. 그러한 관점에서 서촌은 이 시대, 우리 사회가 주목하여야할 문화 연구의 실험장이라 명명해도 좋을 것이다.

주석

1 최근 2010~2011년 사이 서촌 지역 주택가 골목에 예술공방 7곳이 새로 생겼다. 한옥을 개조하여 새로 문을 연 갤러리 겸 카페, 북카페, 음식점, 커피전문점 20여 곳도 성업 중이다. 이로 인해 '서촌공방' 운영자 모임과 '통인동 카페프로젝트' 모임 등이 결성되어 문화이벤트를 기획하고 있으며, 서울시의 지원으로 재래시장인 통인시장을 홍보하는 월간 '통인통신'도 발행되고 있다. 이 모든 움직임들은 2010~2011년 사이에 등장한 서촌 지역의 급격한 변화 현상으로 받아들여지고 있다. 이하 이 글에 실린 모든 자료와 통계는 논문 작성 시기인 2011년 7월을 기준으로 조사된 것임을 밝힌다.

2 2011년 7월 1일 기준 필자의 NAVER 검색 결과, 신문 기사의 경우 2008년 이전에는 서촌관련 기사가 발견되지 않았으나 2009년 134건, 2010년 280건, 2011년 상반기에 (1월~6월) 172건 등 급격한 증가추세를 보이고 있으며, 서촌을 키워드로 한 일반인들의 카페/블로그 운영 6개 및 블로거 포스팅 4,100건이 발견되었다.

3 2011.5.15(일) 14시, (사)세종마을가꾸기회 주관으로 종로구 통인시장 앞 공터에서 열린 '세종마을선포식'을 말한다. 이 자리에는 당시 종로구 출신 국회의원을 비롯하여, 종로구청장, 서울시의원, 구의원 등이 참석하여 관 주도 공식 행사를 방불케 하였다. 대다수 마을주민들은 세종마을이라는 명칭에 대한 찬, 반에 앞서 갑작스런 마을이름 변경 결정에 당혹스러움을 표출하고 있다. 나는 직접 현장에 참석하여 이 사실을 확인한 바 있다. 이 밖에도 손정미, 「외국인도 아는 西村, '세종마을'로 바뀌나」, 『조선일보』 2011.4.22., 서울 A14면 참조.

4 도시재생 이론에 의한 지역공동체의 재활과 주거환경 개선을 위한 개념으로 '마을 만들기'가 보편적 용어로 정착되었으나 실생활에서 '마을 가꾸기'도 동의어로 자주 쓰이고 있다. 서촌의 경우 지역사회에서 '마을 가꾸기'라는 표현을 공식화하고 있음을 감안하여 이 글에서는 '마을 가꾸기'와 '마을 만들기'를 혼용하기로 하겠다.

5 배은석, 『지속가능한 지역유산을 활용한 농촌형 에코뮤지엄에 대한 연구』, 한국외대 박사학위논문, 2011.

6 田村明, 강혜정 옮김, 『마을 만들기의 발상』, 소화, 2005, 30~32쪽; 송경희, 「예술촌, 지역 커뮤니티의 일환으로서의 구상」, 『가을 정기학술대회 자료집』, 한국문화예술경영학회, 2008, 41쪽.

7 송경희, 위의 글.

8 정석, 「마을단위 도시계획 실현 기본방향(I): 주민참여형 마을만들기 사례연구」, 서울시정개발연구원, 1999.

9 송경희, 위의 글.

10 백선혜, 『장소성과 장소마케팅』, 한국학술정보, 2005, 61쪽.

11 최병두, 『도시 공간의 미로 속에서』, 한울아카데미, 2009, 26쪽.

12 백선혜, 위의 책, 54~60쪽.

13 박희영, 「철학과 문화」; 한국외대 인문과학연구소 편, 『현대사회와 철학교육』, 이문출판사, 1993, 24~59쪽.

14 박희영, 위의 글, 27쪽.

15 임대근, 「곤혹스런 중국문화연구」, 302쪽, 『현대중국문화연구』, 제11집 2호, 2010, 302쪽.

16 John Storey, 백선기 옮김, 『문화연구란 무엇인가?』, 커뮤니케이션북스, 2000.

17 유승호, 『문화도시』, 일신사, 2008, 19쪽.

18 임정희, 2005; 한국문화관광연구원, 2008, 19.

19 강내희, 「독점자본주의와 문화공간: 롯데월드론」, 』문화연구 어떻게 할 것인가』, 현실문화연구, 1996, 51~53쪽.

20 Charles Landry, 최지영 옮김, 『크리에이티브 시티 메이킹』, 역사넷, 2009, 348쪽.

21 Charles Landry, 최지영 옮김, 위의 책, 352~353쪽.

22 원승룡, 『문화이론과 문화철학』, 서광사, 2007, 189.

23 강내희, 위의 글 참조.

24 서울시의 문화지구조성 논의는 1998년도 국민의 정부 시절 입안된 새문화정책에서 처음 거론된 '문화의 거리' 사업으로 거슬러 올라간다. 문화지구조성 사업은 "문화예술시설 및 업종이 밀집되어 그 지역의 문화적 특성을 보존하고 발전시킬 필요가 있을 경우 이를 문화지구로 지정하여 지역 활성화의 지원으로 활용함을 목적으로 한다. 서울특별시, 『서울시 문화지구 지정 및 운영방안연구』, 2001.

25 서울시는 2008~2018년까지 서울 시내 4,500동(4대문 안 3,100동, 4대문 밖 1,400동)의 한옥 보전 및 진흥을 위한 「서울 한옥선언」을 발표하고 후속 사업으로 한옥수선 비용 보조를 골자로 한 한옥 보전 사업을 시행하고 있다. 2010년 6월 착수된 '경복궁 서측 지구단위계획안'에는 총 3,700억 원의 예산이 배정되어 있다. 자료출처: 서울시청 보도자료, 주택국 한옥문화과, 2010.6.24.

26 이를 포함한 세종마을 선포식 행사관련 인용과 묘사는 행사당일 현장 배포된 (사)세종마을가꾸기회가 배표한 「보도자료」 및 이 행사를 처음부터 끝까지 참관한 나의 관찰에 따른 것이다.

27 『조선일보』, 위의 기사; 세종마을선포식 축사. 2011.5.15.

28 김영종(종로구청장),「세종마을을 아세요?」,『서울신문』, 2011.5.27., 30면.

29 대략 2007~2008년부터 이웃 마을 북촌에 빗대어 인왕산 산자락과 경복궁 서쪽에 접해 있는 지역 일대를 서촌이라 부르기 시작한 것으로 알려져 있으나 정확한 것은 아니다. 또한 서촌이라는 지명이 조선시대 문헌에 더러 출현하고 있으나 현재의 서촌과의 일치 여부가 명확치 않다는 의견이 학자들 간에 지배적이다. 따라서 서촌이라는 지명의 역사적 근거 부재를 지적한 종로구청장의 주장은 납득이 가는 일면이 있다.

30 세종마을로 이름을 전환하는 것에 대한 지역 주민들의 의견과 반응은 한 민간인이 발행하는『서촌라이프』라는 오프라인 월간 소식지와 동명의 온라인 인터넷 블로그 (http://www.seochonlife.net: 운영자 설재우) 및 기타 서촌을 키워드로 조사한 인터넷 카페, 블로그 등에 실린 내용을 주로 참고, 인용하였다.

31 예를 들면『서촌라이프』, 2011을 참고할 수 있다.

32『조선일보』, 위의 기사.

33 서촌라이프: http://www.seochonlife.net

34『조선일보』, 위의 기사; 블로그 서촌라이프 등.

35 서촌라이프 블로그에 게재된 설재우 발행인)의 5월 13일자 글 "서촌과 세종마을 논쟁에 관하여"에 명기된 주민들의 의견을 다수 인용하였으며, 더 자세한 내용은 직접 사이트에 접속하여 확인할 수 있다.

36 마을이름 선포식 홍보 현수막. [그림2] 참조.

37 백선혜, 위의 책.

38 마을선포식 발표문에 씌여진 위 인용 문구를 세종마을 지지자들의 공식적인 입장이라고 보기에는 어려움이 있다. 하지만 서촌을 가난하고 초라하다는 부정적 이미지로 인식하고, 마을 가꾸기 사업을 세종대왕의 초상이 그려진 '만원 권 지폐'로 상징되는 경제적 이윤 추구와 동일시하려는

잠재의식을 엿볼 수 있다.

39 준수방(俊秀坊)은 조선 초기부터 있던 한성부 북부 12방 중 하나로서 현재의 행정구역으로 통의동, 옥인동 각 일부에 해당되는 사포서계의 인왕동, 옥동, 통곡이 있었다고 전해진다. 세종대왕은 이곳 준수방 잠저(임금이 왕궁에 살기 전에 거주하던 궁밖의 사저)에서 태조 6년 음력 4월 10일 (서기 1397년 5월 15일)에서 태어났다. 서울특별시, 「서울600년사」, http://seoul600.seoul.go.kr; 「서울지명사전」, 서울특별시사편찬위원회, 2009, http://culture.seoul.go.kr

40 2009년 9월, 옥인동 179-1번지 부근에서 발견된 정선의 그림 장동팔경첩 중 '수성동'에 등장하는 일명 기린교(麒麟橋)라 불리는 돌다리를 의미함. 안평대군의 집터와 근거리에 있었다고 전해지며 2010년 서울시 기념물 제31호로 지정되었다.

41 이 지도는 종로구청 제공 자료를 토대로 필자의 자체 조사를 보완하여 재구성한 것이다.

42 서촌 일대에는 대기업에서 운영하는 대형 마트가 없다. 주민들은 경복궁역과 인접한 자하문길과 청운효자동에 각각 위치한 금천시장, 통인시장 등 2개의 재래시장과 3~4개 가량의 동네 수퍼마켓에서 일상용품을 구입한다.(나는 이 지역 거주민으로서 주민들의 일상 패턴을 실생활에서 체험하고 있다.)

참고자료

1. 영화 〈색/계〉의 문화정치학

출처: 「영화 <색/계>의 문화정치학」, 『중국학연구』 제46집, 2008.

<색/계(色/戒: 2007)>

김소영, 「'색'은 '계'를 넘어서지 못했다」, 『씨네21』 2007.11.15.

김영미, 「인생게임, 마작(麻雀)」, 『중국현대문학』 제43호, 2007.

김영진, 「<색/계>의 성애 묘사에 관하여」, 『필름2.0』 2007.11.22.

남수영, 「제삼세계 영화의 정체성과 가능성: 프레드릭 제임슨의 '민족적 알레고리' 개념의 재고」, 『문학과영상』 제9권 2호, 2008.

임대근, 「중국 영화학을 둘레 짓기 위한 한 가지 물음: 중국 영화학은 웨인 왕의 영화를 다룰 수 있는가?」, 『중국현대문학』 제32호, 2005.

임대근, 「중국영화의 국적성 혹은 지역성과 역사·문화정치학」, 『영화연구』 제38호, 2008.

임대근 외, 『중국영화의 이해』, 동녘, 2008.

Adam Roberts, 곽상순 옮김, 『트랜스 비평가: 프레드릭 제임슨』, 앨피, 2007.

Arjun Appadurai, 차원현 외 옮김, 『고삐 풀린 현대성』, 현실문화연구, 2004.
陳戎女, 「戲夢人生——論張愛玲《色·戒》與李安《色·戒》」, 『中國文化研究』, 2008.2
陳遼, 「從"張愛玲熱"到《色,戒》狂」, 『華文文學』 2007.12
劉廣濤, 「複雜的人物, 豐富的內涵——張愛玲小說《色·戒》解讀」, 『名作欣賞』 2008.7
王澤龍, 「《色·戒》: 從張愛玲到李安」, 『信陽師範學院學報』 2008.6
謝曉踐·李平, 「《色·戒》: 設謎與解謎——從張愛玲小說《色·戒》到李安電影《色·戒》」, 『廣播電視大學學報』 2008.5
朱晶·石瀟純, 「《色·戒》小說和電影文本中女性意識的堅守與突破」, 『貴州大學學報』 2008.7.
『<色/戒>歷史、敍事與電影語言國際硏討會資料集』, 中央研究院文哲硏究所, 2008.
Focus Features (http://www.filminfocus.com/about)
BOXOFFICE MOJO (http://www.boxofficemojo.com)
박성후, 「장이머우 감독의 '영웅' 만들기」, 문화방송 뉴스 칼럼 (http://imnews.imbc.com)

2. 현대 사회, '소비'의 문화적 특성: 영화 〈쇼퍼홀릭〉을 중심으로

출처: 「현대 사회, '소비'의 문화적 특성: 영화 <쇼퍼홀릭>을 중심으로」, 『문화+콘텐츠』 제3호, 2014.

박미령, 「명품브랜드 사비의 사회 경제 문화적 특성에 관한 연구: 보드리야르의 소비사회이론을 중심으로」, 『한국의류산업학회지』 제8권 제2호, 한국의류산업학회, 2006.
박치완, 「스펙타클의 지배와 인간의 (자기) 소외: G. 드보르의 『스펙타클의 사회』를 중심으로」, 『철학연구』 제33권, 고려대학교 철학연구소, 2007.
______, 「J. 보드리야르의 시뮬라크르, 시뮬라시옹 개념에 대한 일 반역(反譯)」, 『해석학연구』 제21집, 한국해석학회, 2008.
정윤수, 『문화예술 100과사전』, 숨비소리, 2007.
井上俊 엮음, 최샛별 옮김, 『현대문화론』, 이화여대출판부, 2004.
Arjun Appadurai, 차원현 외 옮김, 『고삐 풀린 현대성』, 현실문화연구, 2004.
Jean Baudrillard, 이규현 옮김, 『기호의 정치경제학 비판』, 문학과지성사, 2007.
______, 배영달 옮김, 『사물의 체계』, 지식을만드는지식, 2011.
______, 이상률 옮김, 『소비의 사회』, 문예출판사, 1999.
Marshall McLuhan, 박정규 옮김, 『미디어의 이해』, 커뮤니케이션북스, 2008.

3. 통제하는 미디어, 틈입하는 대중: 능동적 수용자 이론과 〈서바이벌: 나는 가수다〉를 중심으로

신현신, 「대중문화와 능동적 수용자」, 『논문집』 제22호, 경기전문대학, 1994.
이진경, 「로자 룩셈부르크의 '탈근대적 Ex-modern' 정치철학」, 『문화과학』 제7호, 문화과학사, 1995.

강만석, 『의미-재미-권력의 관계를 통해 본 신수용자론 연구』, 성균관 대 박사학위논문, 1994.

홍유리, 『라디오 인터넷 융합과 능동적 수용자 연구』, 연세대 석사학위논문, 2004.

강준만, 『대중매체 이론과 사상』, 개마고원, 2009.

박명진 엮음, 『문화 일상 대중』, 한나래, 2007.

신혜경, 『벤야민&아도르노』, 김영사, 2009.

Alan Swingewood, 박형신·김민규 옮김, 『문화사회학 이론을 향하여』, 한울, 2004

Ben Agger, 김혜식 옮김, 『비판이론으로서의 문화연구』, 옥토, 1996.

Chris Barker, 이경숙·정영희 옮김, 『문화연구사전』, 커뮤니케이션북스, 2009.

Chris Jenks 엮음, 이호준 옮김, 『시각문화』, 예영커뮤니케이션, 2004.

Francis Mulhern, 임병권 옮김, 『문화/메타문화』, 한나래, 2003.

John Fiske, 강태완·김선남 옮김, 『문화커뮤니케이션론』, 한뜻, 1997.

John Fiske·John Hartley, 이익성·이은호 옮김, 『TV읽기』, 현대미학사, 1997.

John Storey 엮음, 백선기 옮김, 『문화 연구란 무엇인가』, 커뮤니케이션북스, 2006.

John Storey, 박만준 옮김, 『대중문화와 문화연구』, 경문사, 2002.

John Storey, 박만준 옮김, 『문화연구의 이론과 방법들』, 경문사, 2002.

Theodor W. & Adorno·Max Horkheimer, 김유동 옮김, 『계몽의 변증법』, 문학과지성사, 2001.

네이버 블로그 〔http://blog.naver.com〕
문화방송 〔http://www.imbc.com〕

4. 읽기/쓰기 문화의 변천과 디지털 콘텐츠: 바흐친의 '일상생활의 산문'을 중심으로

출처: 「읽기/쓰기 문화의 변천에 따른 디지털 콘텐츠의 부상(浮上): 바흐친의 '일상생활의 산문'을 중심으로」, 『디지털콘텐츠학회 논문지』 제12권 제3호, 2011.

김기태, 「새로운 패러다임 구축을 위한 '출판'의 재개념화 연구」, 『한국출판학연구』 제36권 제1호, 한국출판학회, 2010.
Gilles Deleuze & Felix Guattari, 김재인 옮김, 『천 개의 고원』, 새물결, 2001.
George P. Landow, 김익현 옮김, 『Hypertext 3.0』, 커뮤니케이션북스, 2009.
Henri Lefebvre, 박정자 옮김, 『현대 세계의 일상성』, 기파랑, 2005.
Jacques Derrida, 김성도 옮김, 『그라마톨로지』, 민음사, 2010.
Jean François Lyotard, 이현복 옮김, 『포스트모던적 조건』, 서광사, 1992.
Michel Foucault, 이정우 옮김, 『담론의 질서』, 새길, 2011.
Michel Foucault, 이정우 옮김, 『지식의 고고학』, 민음사, 2000.
Mikhail Bakhtin 외, 박인기 편역, 『작가란 무엇인가』, 지식산업사, 1997.

Mikhail Bakhtin, 김희숙·박종소 옮김, 『말의 미학』, 길, 2006.
Roland Barthes, 김웅권 옮김, 『S/Z』, 동문선, 2006.
Roland Barthes, 김웅권 옮김, 『글쓰기의 영도』, 동문선, 2007.
Roland Barthes, 김희영 옮김, 『텍스트의 즐거움』, 동문선, 1997.
Gary S. Morson & Caryl Emerson, Mikhail Bakhtin: Creation of a Prosaics, Stanford University Press, 1991.
George P. Landow, Hypertext 3.0, Johns Hopkins University Press, 2006.
Jay David Bolter & Rich Grusin, Remediation: Understanding New Media, MIT Press, 1999.
Jay David Bolter, Writing Space, Routledge, 2001.
Lev Manovich, The Language of New Media, MIT Press, 2002.
Marshal Mcluhan, The Gutenberg Galaxy: The Making of Typographic Man, University of Toronto Press, 1962.
Michael Joyce, Of Two Minds: Hypertext Pedagogy and Poetics, Univ. of Michigan Press, 1995.
Nicholas Negroponte, Being Digital, A.Knopf, 1995.
Pierre Levy, World Philosophie, Odile Jacob, 2000.
Steven Roger Fischer, A History of Language, Reaktion Books, 2003.
______, A History of Reading, Univ. of Chicago Press, 2004.
______, A History of Writing, Reaktion Books, 2004.
Vilem Flusser, Nancy Ann Roth(TRN), Does Writing Have a Future?, Univ. of Minnesota Press, 2011.
Walter J. Ong, Orality and Literacy, Taylor & Francis, 1988.

5. 문화콘텐츠의 원형 층위 분석: '콩쥐팥쥐' 이야기를 중심으로

김교빈, 「문화원형의 개념과 활용」, 『인문콘텐츠』 제6집, 인문콘텐츠학회, 2005.

김기덕, 「문화원형의 층위(層位)와 새로운 원형 개념」, 『인문콘텐츠』 제6집, 인문콘텐츠학회, 2005.

김헌선·최장운, 「신데렐라와 콩쥐팥쥐 이야기의 비교 연구」, 『인문논총』 제12호, 경기대 인문과학연구소, 2004.

노제운, 「한국 전래동화의 원형과 변용에 관한 연구」, 『어문논집』 제59권, 민족어문학회, 2009.

Lucian Boia, 김웅권 옮김, 『상상력의 세계사』, 동문선, 2000.

송성욱, 「문화콘텐츠 창작소재와 문화원형」, 『인문콘텐츠』 제6집, 인문콘텐츠학회, 2005.

신상섭 외, 「콩쥐팥쥐 동화마을 기본계획」, 『한국전통조경학회지』 제25권 제1호, 한국전통조경학회, 2007.

이관일, 「콩쥐 팥쥐 이야기 재고」, 『겨레어문학』 제6권, 겨레어문학회, 1972.

이윤선, 「전통문화유산의 지역문화콘텐츠 활용에 대한 고찰」, 『한국민속학』 제49호, 한국민속학회, 2009.

Carl G. Jung, 한국융연구원 C.G.융저작번역위원회 옮김, 『융 기본저작집2: 원형과 무의식』, 솔출판사, 2002.

Cox, M. R., Cinderella: Three Hundred and Forty-five Variants of Cinderella, Catskin and, Cap O'Rushes, London: The Folk-lore Society, 1893.

Jameson, R. D., Three Lsctures on Chines Folklore, Pecking:

College of Chinese Studies, 1932.

6. 서촌의 문화론, 마을 만들기를 향한 두 가지 관점: '서촌'과 '세종마을', 마을 명칭 논쟁을 중심으로

출처: 「서촌의 문화론, 마을 만들기를 향한 두 가지 관점: '서촌'과 '세종마을', 마을 명칭 논쟁을 중심으로」, 『예술경영연구』 제20집, 2011.

강내희, 「독점자본주의와 문화공간: 롯데월드론」, 『문화연구 어떻게 할 것인가』, 현실문화연구, 1996.
박희영, 「철학과 문화」; 한국외대 인문과학연구소 편, 『현대사회와 철학교육』, 이문출판사, 1993.
배은석, 『지속가능한 지역유산을 활용한 농촌형 에코뮤지엄에 대한 연구』, 한국외대 박사학위논문, 2011.
백선혜, 『장소성과 장소마케팅』, 한국학술정보, 2005.
송경희, 「예술촌, 지역 커뮤니티의 일환으로서의 구상」, 『가을 정기학술대회 자료집』, 한국문화예술경영학회, 2008.
서울특별시, 『서울시 문화지구 지정 및 운영방안연구』, 2001.
원승룡, 『문화이론과 문화철학』, 서광사, 2007.
유승호, 『문화도시』, 일신사, 2008.
임대근, 「곤혹스런 중국문화연구」, 『현대중국연구』, 제11집 2호, 2010.
정석, 「마을단위 도시계획 실현 기본방향(I): 주민참여형 마을만들기 사례 연구」, 서울시정개발연구원, 1999.

최병두, 『도시 공간의 미로 속에서』, 한울아카데미, 2009.
田村明, 강혜정 옮김, 『마을 만들기의 발상』, 소화, 2005.
Chales Landry, 최지영 옮김, 『크리에이티브 시티 메이킹』, 역사넷, 2009.
John Storey, 백선기 옮김, 『문화연구란 무엇인가?』, 커뮤니케이션북스, 2000.
보도자료, 「경복궁 서측 지구단위계획안」, 서울시 주택국 한옥문화과, 2010.6.24.
「경복궁 옆 서촌 역사문화 지구로 개발」, 『세계일보』, 2010.7.28.
「서울 서촌 한옥마을 조성 속도낸다」, 『동아일보』, 2010.9.20.
「서촌도 북촌처럼 가꾼다」, 『서울신문』, 2010.9.24.
「미술거리, 인사동, 삼청동, 그리고 서촌」, 『문화일보』, 2010.10.27.
「Special Knowledge 경복궁 옆 서촌」, 『중앙일보』, 2011.3.3.
「시인 이상이 살던 서촌 통인동 한옥에 예술가들 모인 까닭은」, 『중앙일보』, 2011.3.21.
「옛 모습 지키며 현대화, 서촌의 실험」, 『중앙일보』, 2011.4.18.
「외국인도 아는 서촌, 세종마을로 바뀌나」, 『조선일보』, 2011.4.22.
「세종마을을 아세요」, 『서울신문』, 2011.5.27.
서울이야기〔http://www.seoulstory.net〕
서울 문화재 테마여행 블로그〔http://blog.naver.com/sibelnam/10092019724〕
서울시사편찬위원회〔http://culture.seoul.go.kr〕
서울600년사〔http://seoul600.seoul.go.kr〕
서촌 라이프〔http://www.seochonlife.net〕
와우 서울〔http://wow.seoul.go.kr〕

저자소개

임대근

한국외국어대학교 대학원 글로벌문화콘텐츠학과 및 중국어통번역학과 교수. 한국외대 중국어과를 졸업하고 같은 대학원에서 『중국영화의 문예전통 계승 연구(1896-1931)』로 문학박사학위를 받았다. 중국영화포럼 사무국장을 맡아 중국영화 연구를 중심으로 대중문화 연구, 문화콘텐츠연구 및 강의와 번역 등에 힘을 쏟고 있다. 지은 책으로 『중국영화이야기』, 『중국영화의 이해』(공저) 등이 있고, 옮긴 책으로 『대만의 대학교육』(공역), 『아큐와 건달, 예술을 말하다』, 『격동의 백년 중국』 등이 있다.

류지민

한국외국어대학교 글로컬창의산업연구센터 전임연구원. 한국외국어대학교 대학원 글로벌문화콘텐츠학과에서 박사과정을 수료했다. 『문화+콘텐츠』 등에 글을 기고하고 있으며, 부천문화재단에서 지역문화컨설팅 사업에 참여 중이다. 논문으로 「모큐멘터리의 사회·문화적 의미 연구」, 「웃음의 사회적 의미와 집단주의에 대한 고찰」, 「<The Game>을 통해 바라본 현대사회와 몸」 등이 있다.

박지훈

한신대학교 디지털문화콘텐츠학과 외래교수. 한국외대를 졸업하고 동대학원 글로벌문화콘텐츠학과에서 박사과정을 수료했다. 논문으로 「문화적 세계화에 대한 비판적 성찰」, 「국내 학제간 연구의 동향 분석 및 전망」, 「종교화 분석을 통한 이미지텔링 고찰」 등이 있다.

구모니카

도서기획출판 M&K/디지텔링 대표. 한국출판인회의 전자출판분과 위원장. 한국외국어대학교 문화콘텐츠학 박사. 출판·잡지 업계의 기획·편집 경력을 바탕으로 출판과 전자책에 대해 강의하며(세명대, 서일대) 디지털 시대 출판업계의 과도기 상황에서 출판사-편집자-작가-플랫폼사의 과업과 관계정립, 환골탈태 방안을 고민하고 있다. 읽기/쓰기 문화의 변화에 따른 콘텐츠 창작 및 플랫폼에 대한 연구를 하고 있으며, 해당 논의를 전자출판 업계에 적용코자 한다. 저서 『출판사를 위한 전자책 가이드북』, 논문 「한국 전자출판 플랫폼 정립에 관한 연구」, 「글로컬라이제이션과 디지털 콘텐츠 플랫폼의 일상성」, 「한국 전자책 현황 분석과 정착 방안 모색을 위한 소고」, 「셀프 퍼블리싱 플랫폼 현황 연구」 등이 있다.

유제상

한신대학교 디지털문화콘텐츠학과 외래교수. 한국외대 불어과를 졸업하고 같은 대학원에서 「원형이론을 활용한 콘텐츠 구성요소 분석틀에 관한 연구」로 문화콘텐츠학박사학위를 받았다. 문화원형과 글로컬문화콘텐츠를 중심으로 연구를 진행 중이며, <아이돌로지(Idology)> 등의 대중문화 웹진에 참여하여 글을 기고하고 있다. 지은 책으로 『키워드 100으로 읽는 문화콘텐츠 입문사전』(공저)이 있고, 논문으로 「'물의 신화'와 상상력에 관한 연구」, 「글로컬문화콘텐츠의 원형 분석」, 「글로컬문화콘텐츠의 세계관 기획에 관한 연구」 등이 있다.

송희영

서울예술대학교 커뮤니케이션학부 예술경영전공 책임교수. 학부에서 프랑스어를 전공하고 음악공연기획자로 현업에 종사하던 중 삼성문화재단 맴피스트 장학생으로 선발되어 미국 뉴욕대학교 대학원(NYU)에서 예술경영학 석사학위를 받았다. 이어서 한국외국어대학교 대학원에서 지역의' 문화자원을 활용한 공연콘텐츠 기획을 다룬 논문으로 문화콘텐츠학 박사학위를 취득했다. 최근에는 산업적 관점의 예술경영학분야에서 지역의 문화자원에 기반을 둔 공연예술·축제콘텐츠 개발 및 그를 활용한 문화기획연구로 학문적 관심을 넓혀가고 있다. 저서로 『문화예술경영의 이론과 실제』(공저), 『공연예술경영 무엇을 어떻게 할까?』, 『공연예술축제기획: 실무자를 위한 공연기획 핸드북』(공저), 『상상력과 문화콘텐츠』(공저) 등이 있고, 논문으로 「지역의 기억문화유산을 활용한 공연콘텐츠 사례연구: 프랑스 방데 역사테마파크 퓌뒤푸를 중심으로」외 다수가 있다.

찾아보기

ㅎ

M

O

문화연구와 문화콘텐츠
: 사례분석을 통한 학문적 실천

문화콘텐츠학 총서 013

초판 인쇄 2014년 10월 14일
초판 발행 2014년 10월 20일

지은이 임대근 외
발행인 김 인 철
발행처 한국외국어대학교 지식출판원
130-791 서울특별시 동대문구 이문로 107
전화 02)2173-2495~7
팩스 02)2173-3363
홈페이지 http://press.hufs.ac.kr
전자우편 press@hufs.ac.kr
출판등록 제6-6호(1969. 4. 30)
디자인 · 편집 (주)이환디앤비 02)2254-4301
인쇄 · 제본 네오프린텍(주) 02)718-3111

ISBN 978-89-7464-944-9 14000 정가 13,000원
ISBN 978-89-7464-566-3 (세트)

*잘못된 책은 교환하여 드립니다.